Römische

Literaturgeschichte

und

Alterthümer,

für höhere Lehranstalten

bearbeitet

von

Dr. Kopp,

ord. Lehrer am Gymnasium in Stargard i. Pomm.

Viertes Heft.

Römische Privatalterthümer.

Mit 5 Holzschnitten.

Springer-Verlag Berlin Heidelberg GmbH

Römische

Privatalterthümer,

für

höhere Lehranstalten

und für weitere Kreise

dargestellt

von

Dr. Kopp,

ord. Lehrer am Gymnasium in Stargard i. Pomm.

Mit 5 Holzschnitten.

Springer-Verlag Berlin Heidelberg GmbH

ISBN 978-3-642-98483-9   ISBN 978-3-642-99297-1 (eBook)
DOI 10.1007/978-3-642-99297-1

Vorwort.

Die Vorworte zum ersten und zweiten Hefte des jetzt vollendeten Ganzen haben dessen Zwecke und Gebrauchsweise bezeichnet, soweit es für Lehranstalten bestimmt ist. Es bleibt mithin übrig, die Erweiterung des Titels für dieses vierte Heft kurz zu rechtfertigen.

Zunächst steht sein Inhalt dem allgemeinen Interesse näher als Literatur, Staatsverfassung, Kriegseinrichtungen. Ferner ist dem Einwande, es seien trefflichere ähnliche Bücher vorhanden, theils geistvoll-anregende theils strenger systematische, zu entgegnen: Die allgemeinere Freude an dem auf diesem Gebiete Gewonnenen ist schon lange verstummt; hier hat der Materialismus für „weitere Kreise" wohl ziemlich vollständig tabula rasa gemacht. Ist nun neue Theilnahme an dem Wiedererkennen der grössten Vorzeit wünschenswerth und soll sie wiederum wach werden, so bedarf es dazu neuer Mittel.

Als einen Anfang hierzu, als eine Einleitung in diese Studien stellt sich, vor eigentlich-wissenschaftlichen Schriften in eine bescheidene Ferne zurücktretend, die folgende Darstellung hin.

Einleitung.

Die römischen Privatalterthümer sollen die Grundzüge 1
des römischen Lebens entwerfen, soweit es nicht literarisch,
militairisch, politisch war.

Aber die Scheidelinie zwischen dem Privatleben und
dem politischen Leben ziehen wir für uns, nicht existirte
sie in Rom. Hier war, wenigstens in der Blüthezeit der
Republik, jede Seite des Lebens mehr als bei andern Nationen untrennbares Moment des Gesammtlebens.

Wir werden demnach in den Privatverhältnissen jene
grossen Charakterzüge wiederfinden, deren Summe und
Wechselwirkung den römischen National - Charakter aus-
machten. Dahin rechnet man: die tiefste Religiosität;
die virtus, Mannhaftigkeit nach jeder Richtung hin; die
ferocitas, den kriegerischen Sinn; die Achtung vor
dem Herkommen und Recht; die dignitas, die Würde,
welche die Formen des Lebens umkleidete; die gravi-
tas, den Ernst; die diligentia, den Fleiss und die
strenge Ordnung; die Achtung vor der züchtigen Matrone; die Strenge der Erziehung u. s. w. Dazu
möge eine Eigenthümlichkeit besonders hervorgehoben
sein, nämlich die, dass der Römer zwei Extremen fern
blieb: dem ziellosen, heiteren Treiben der Griechen, die
in den Tag hinein lebten, und dem mühevollen, aber ver-
geblichen Ringen anderer Völker, welche zu fernen, oft
nebelhaften Idealen hinstrebend darüber zu nichts kommen.
In der Mitte beider Extreme setzte sich der Römer, be-
sonnen seine Kräfte abwägend, ein nahes und wohl erreich-
bares Ziel und rastete nicht, bis er es mit Ehren
erreicht. Natürlich wurden mit jedem neuen Erfolge

seine Ziele immer ferner bis zu dem grossen Ideal der ewigen Weltherrschaft hin.

Jene Tugenden, deren Keime wir bis in die archaische Zeit verfolgen können, deren Entwickelung aber der Republik angehörte, erloschen mehr und mehr mit deren Untergange. Damit zerfiel gleichzeitig die Einfachheit und Strenge des Privatlebens, vor allem die Heiligkeit der Ehe.

In welcher dieser drei Perioden, der archaischen, der republikanischen, der kaiserlichen, werden wir das römische Privatleben betrachten? — Wir legen unter fortwährender Berücksichtigung der beiden ersteren, besonders aber der zweiten, den Anfang der dritten zu Grunde, also eine Zeit, wo das Leben unendlich reich geworden war. Denn jetzt hatten sich die beiden grossen Ströme antiker Bildung in einem einzigen Bette vereint, indess das auseinanderfallende Familienleben durch die sichere Hand des C. Julius Caesar Octavianus Augustus zur Noth wieder zusammengerafft wurde.

———

Inhalts-Verzeichniss.

A. Die Forderungen des physischen Lebens.

I. Die Wohnung.

a. Das Haus auf dem Lande.

Der römische Sinn neigte sich, namentlich in der 2. älteren Zeit, dem ländlichen Leben weit mehr zu als dem städtischen. Daher verwaltete damals die grössere Zahl edler Römer ihre Güter selbst und kam meist nur den neunten Tag in die Stadt, den Städter für unthätig und weichlich haltend; daher eilte der Staatsmann, sobald er einen Augenblick Musse fand, auf seine Villa, die Stätte der Erholung und der wissenschaftlichen Thätigkeit. Von derselben Anschauung ausgehend beschäftigte sich schon der alte Cato mit der Theorie der Landwirthschaft und suchten Varro, Vergil und Columella den von dem einfach Ländlichen abgewandten Sinn hierher zurück zu lenken.

Seit der reiche Bewohner der Hauptstadt das Bedürfniss hatte, von Zeit zu Zeit ein Stückchen Landleben zu geniessen, trat bei den Landhäusern die Scheidung zwischen der villa rustica und der villa urbana ein.

Für die villa rustica stellt Vitruv als Princip auf: 3.

Qui fructibus rusticis serviunt, in eorum vestibulis stabula, tabernae, in aedibus cryptae, horrea, apothecae ceteraque, quae ad fructus servandos magis quam ad elegantiae decorem possunt esse, ita sunt facienda, ... Demnach umfasste eine ländliche, nur für das Bedürfniss gebaute, schmucklose Villa die Wohnungen des Aufsehers und der Arbeiter, die Ställe und die Vorrathskammern. Meist abgesondert davon lagen die Scheunen, Heuböden und die

Orte, wo das Korn gemahlen und gebacken wurde. Die Grösse eines solchen Meierhauses stand natürlich im Verhältnisse zu der Grösse und der Ergiebigkeit des Guts. Es hatte in seiner Mitte je nach seinem Umfange einen oder zwei Höfe, in jedem einen unter dem italischen Himmel so unschätzbaren Wasserbehälter. Um diese Höfe herum lagen die Zimmer des Verwalters und seiner Frau (villicus und villica), der gewöhnlich entweder ein Sklave oder ein Freigelassener war, die cellae für die Sklaven und die Ställe für die Hausthiere: Pferde, Ochsen, Kühe, Esel, Ziegen, Schaafe und ausserdem zahlreiches und oft kostbares Geflügel. Die Ochsen sollten so stehen, dass sie das Feuer des Heerdes und den Sonnenaufgang sähen, damit sie nicht struppig würden, die Pferde aber fern von der Küche, um nicht durch den Glanz des Feuers scheu zu werden. Ausser der Küche enthielt die villa rustica ferner einen oder mehrere Baderäume, Oelpressen, Keltern, Weinvorrathskammern an der Nordseite, Oelkammern an der Südseite — damit das Oel in der gelinden Wärme dünn bliebe —, hohe Kornböden gegen Norden u. s. w. Endlich befand sich unter der Wohnung des villicus das gefürchtete ergastulum (Arbeitshaus, Gefängniss) für Sklaven, welche man im sicherem Gewahrsam halten oder hart bestrafen musste.

Diese gesammte Einrichtung steht an Ordentlichkeit, Sauberkeit und Geschmack der auf unsern mässigsten Landgütern nach, wo Wohnhaus des Herrn, der Arbeiter, Ställe und Scheunen vier von einander gesonderte Theile sind. Aber wir dürfen nicht vergessen, dass wir nur von der Einrichtung eines Verwalters gehandelt haben. Ohne Zweifel sind die Wohnungen der freien italischen Landleute, von denen wir zu wenig wissen, um uns von ihnen ein genügendes Bild entwerfen zu können, weniger dürftig und unschön gewesen, als die villa rustica, die an zurückgebliebene Bauerwirthschaften in einzelnen deutschen Ländern erinnert.

4. Desto prächtiger erhob sich und dehnte sich die villa urbana aus. Die älteste, die wir kennen, die des Scipio

Africanus in Liternum bei Cumae, wo der grosse Verbannte seine letzten Jahre verlebte, glich mit ihren festen Mauern und Thürmen einer mittelalterlichen Burg. Auch das väterliche Landhaus des Cicero bei Arpinum war vor seinem Umbau durch Ciceros Vater noch höchst einfach und unbequem. Dennoch klagt schon Sallust (Cat. 12), dass die Villen seiner Zeit das Ansehen und den Umfang von kleinen Städten hätten. Es bildeten gewöhnlich das Herrenhaus, Gärten, Wiesen, Weinberge, Obstpflanzungen, Parks, Thiergärten, Teiche u. s. w. ein harmonisches Ganzes. Das Herrenhaus, oft durch eine Allee mit der villa rustica verbunden, hatte ausser den gewöhnlichen Theilen der städtischen Häuser (vgl. § 8 ff.) der Aussicht wegen meist einen Thurm, einen Saal zu Ballspiel und anderen körperlichen Uebungen, einen cryptoporticus, d. h. einen kühlen Gang für die Zeit der grössten Sommerhitze. Die es umgebenden Anlagen waren sehr verschiedener Art. Als die üppigsten nennen wir: Thiergärten, Haasengehege (leporaria), Teiche mit Seewasser und den seltensten Seefischen, Vogelhäuser für Turteltauben, Drosseln und andere feinschmeckende Vögel, Gehege, um Schnecken und Mäuse fett zu machen u. s. w. Unter den Imperatoren erreichte der unsinnigste und dem Elend anderer Stände gegenüber verletzendste Luxus der Villen ihren Gipfelpunkt. Man denke nur an die 12 Villen des Tiberius am Ostrande von Capreae und an die domus aurea des Nero auf dem mons Palatinus und an die Anlage um sie herum, welche Felder, Weinberge, Viehweiden, Thiergärten und einen See umfasste, dessen Ufer mit Gebäuden so eingefasst waren, dass man eine Stadt zu sehen glaubte. Am besten sind uns die Laurentinische und die Tuscische Villa Plinius d. J. bekannt. (Plin. epist. II, 17 und V, 6.) Becker, im Wesentlichen der Beschreibung der ersteren folgend, entwirft (Gallus Bd. I) von der Villa des Gallus folgendes Bild:

„Eine breite Allee von Platanen führte langsam ansteigend zu dem nicht sowohl prächtig als geschmackvoll und zweckmässig erbauten Wohnhause. Die zwischen Mittag

1*

und Morgen gelegene Front bildete eine geräumige auf
korinthischen Säulen ruhende Halle, vor welcher in viele
kleine, durch Buchsbaum von einander getrennte Beete
verschiedener Form eine mit Blumen besetzte Terrasse
sich hinzog, deren sanfte Abdachung nach der Ebene hin
künstlich aus Buchsbaum geschnittene Figuren wie zum
Angriffe einander entgegenstehender Thiere trug, und in
dem üppig die Ebene deckenden Akanthus sich verlor.

Zunächst hinter dem Säulengange lag die städtische
Sitte nachahmend ein nicht prächtiges aber geschmackvoll verziertes Atrium, dessen zierliches Paviment in
grünem, schwarzem und weissem Steine schräg liegende
Würfel nachbildend angenehm mit dem röthlichen Marmor
contrastirte, welcher die Wände bekleidete. Aus ihm gelangte man in ein kleines ovales Peristyl, einen trefflichen
Aufenthalt bei ungünstiger Witterung; denn die Räume
zwischen den Säulen waren mit grossen Scheiben des
klarsten Fensterglases verschlossen, durch welche der
Blick auf das angenehme Grün des weichen Moosteppichs
fiel, der den mittleren offenen Raum bedeckte und von
dem Staubregen des Springbrunnens zu stetem Gedeihen
befeuchtet wurde. — Gerade dahinter lag der eigentliche
nicht weniger freundliche Hof des Hauses, auf dessen
freiem Platze um ein grösseres marmornes Brunnenbecken
mannigfaltige Sträucher und niedrige Bäumchen grünten;
endlich aber stiess daran ein grosser über die Linie des
ganzen Hauses hinausgebauter Speisesaal, durch dessen
tief auf den Boden herabreichende, Thüren gleichende
Fenster man nach 3 Seiten ins Grüne sah: vorwärts nach
den nahen Aurunсischen Bergen, auf den Seiten nach den
anmuthigen Gärten, während rückwärts die unverschlos-
senen Zugänge die Aussicht durch das Cavaedium, Peristyl,
Atrium und Säulenhalle über den Xystus hinweg ins Freie
gestattete.

Zunächst an diesen Cyzikenischen Saal grenzten
rechts verschiedene Gemächer, die wegen der Lage gegen Mit-
ternacht besonders im schwülen Sommer einen angenehmen
Aufenthalt gewährten; dann weiter nach Morgen lagen die

eigentlichen Wohn- und Schlafzimmer. Das erstere war halbzirkelförmig hinausgebaut, um ebensowohl die Strahlen des frühen Morgenlichtes aufzufangen, als die der Mittagssonne festzuhalten. Einfach, aber freundlich und den grünen Umgebungen entsprechend, war seine Ausstattung; denn über dem marmornen Sockel waren von kunstreicher Hand gleichsam von aussen hereinreichende Zweige gemalt, auf denen bunte Vögel nicht zu sitzen, sondern zu flattern schienen. Nur an einer Seite wurde der künstliche Garten durch einen Wandschrank unterbrochen, der eine Bibliothek der lesenswerthesten Schriften enthielt. Das Schlafzimmer war davon nur durch ein schmales Gemach getrennt, das für den winterlichen Gebrauch durch ein Hypocaustum geheizt werden konnte, um dann durch Röhren die Wärme beiden angrenzenden Zimmern mitzutheilen. Der übrige Theil dieser Seite diente zum Aufenthalte für Sklaven, wiewohl die meisten Gemächer nett genug waren, um besuchende Freunde aufzunehmen.

Auf der entgegengesetzten, der vollen Abendsonne geniessenden Seite waren die Badezimmer und das Sphäristerium, nicht bloss für das Ballspiel, sondern fast jede Art körperlicher Uebungen geeignet und geräumig genug, um mehrere Partheien Spielender zu fassen. . . . . Der Raum konnte auch im Winter durch Röhren, die aus dem Hypokaustum des Bades unter dem Fussboden und an den Wänden des Fussbodens hingeleitet waren, erwärmt werden.

Endlich an beiden Enden des vordern, den Eingang bildenden Säulenganges erhoben sich zwei Thürmen ähnliche Gebäude, in deren verschiedenen Stockwerken kleinere Wohnungen oder Triklinien sich fanden, aus denen man weithin die Aussicht über die lachenden Fluren hatte.

b. Das Haus in Rom.

Die Sage lässt das älteste Rom aus schlechten Hütten 5. (casae, tuguria) bestehen. Sogar Romulus soll in einer Strohhütte auf dem Palatinus gewohnt haben, die in ihrer ursprünglichen Einfachheit immer wieder erneuert wurde (casa Romuli). Durch den gallischen Brand (390 v. Chr.) in Asche gelegt, erstand Rom als eine noch unregelmässigere und hässlichere Stadt wieder. Die Häuser wurden mit Schindeln gedeckt, die Strassen ohne System angelegt, für freie Plätze höchst wenig Raum gelassen. Wie überhaupt das Leben des Individuums dem Staatsleben gegenüber wenig Werth hatte, so waren auch die Privatbauten den öffentlichen gegenüber wenig stattlich. Aber diese Eilfertigkeit und Regellosigkeit der Bauweise hatte verheerende Feuersbrünste zur Folge; durch sie gewannen wenigstens einzelne Theile der Stadt bei ihrem Wiederaufbau ein freundlicheres Aussehen. Auch freie Plätze wurden nun angelegt, seit 146 v. Ch. mit den aus Griechenland fortgeführten Kunstwerken geschmückt. Im letzten Jahrhundert der Republik begann, namentlich durch Crassus, Pompejus, Caesar angeregt, der Wetteifer im Bau prächtiger Häuser; z. B. kostete das Haus des Cicero 100,000 Thlr., das des Clodius gar 740,000. Ihnen folgten die Marmorbauten des Augustus und seiner Nachfolger, und Rom verwandelte sich aus einer Ziegelstadt in eine Marmorstadt. Natürlich konnte auch der weniger bemittelte Privatmann nicht ganz zurückbleiben, auch sein Haus musste den Charakter einer anderen Zeit annehmen.

6. Die Privathäuser waren entweder domus oder insulae, Miethshäuser. Die Zahl der ersteren betrug zur Zeit des Augustus 1790, die der Miethshäuser 46,602. Letztere standen gewöhnlich frei da — daher der Name — oder lagen hinter der domus des Miethsherrn, während die domus aneinander stossend die Strassen bildeten, und bestanden aus 3—4 Stockwerken bis zu einer Höhe von 67′. Sie dienten den mittleren und ärmeren Volksklassen als Wohnung; z. B. hat der Dichter Martialis in einem Miethshause 3 Treppen hoch gewohnt. Aus den verschiedenen Stockwerken führten diese Treppen unmittelbar auf die Strasse, so dass die einzelnen Theile einer insula nicht mit einander in Verbindung standen. 1763—74 hat man in Pompeji ein dreistöckiges Haus, das des Diomedes, ausgegraben. Nach der Strasse zu hatte es kein Fenster,

sondern die meisten Zimmer erhielten ihr Licht aus dem impluvium (§ 9, e).

Das eigentliche römische Privathaus, die städtische 7. domus, war zur Zeit der Republik gewöhnlich aus Lehmsteinen erbaut, später häufig auch aus konisch behauenen Steinen, die man schräg so aneinander setzte, dass die Fugen ein Netz bildeten (opus reticulatum), seltener aus Backsteinen. Es hatte fast immer nur ein einziges Stockwerk. Die äusseren Wände waren mit einer dünnen Mörtellage übertragen, die inneren in der älteren Zeit wahrscheinlich nur geweisst, später theils mit einem feinen uud harten Stuck überzogen, theils — in den Prachtzimmern — mit Marmortafeln bekleidet oder mit Malereien von der einfachen Arabeske an bis zum grossen historischen Gemälde geschmückt. Man malte häufiger auf trockenem Grunde mit Leimfarbe „a tempera", ‚seltener zertheilend auf nassem Kalk „al fresco". Der Fenster wurden in den römischen Häusern weit weniger angebracht als in den unsrigen, die wenigsten aber nach der Strasse zu; von der letzteren Art hat man in Pompeji fast gar keine gefunden. Viele der zahlreichen Zimmerchen erhielten ihr Licht durch die Thüre, die meist nur aus einem Vorhange, nicht wie bei uns aus Holz, bestand; andere Zimmer zu erhellen waren Oeffnungen in der Decke angebracht. So müssen denn die Häuserreihen höchst unbelebt, ja einförmig düster ausgesehen haben, wenn auch hier und da ein künstlerisch geschmücktes Vestibulum (§ 9, a.) die Blicke auf sich zog. Jene unverhältnissmässig hoch angebrachten Fensteröffnungen zu verschliessen, hatte man in der älteren Zeit Laden, später bediente man sich häufig des Marienglases (lapis specularis). Es war früher eine Streitfrage, ob die Römer bereits das wirkliche Glas zu Fensterscheiben gebraucht hätten. Da fand man in Pompeji in einem Bade eine Fensterscheibe von Tafelglas, auf der einen Seite angeschliffen, um neugierige Augen nicht durchdringen zu lassen; alle Scherben dieser zerbrochenen Scheibe waren vorhanden. Dieser Fund und ein zweiter in dem Landhause des Diomedes und eine Reihe von Stellen aus späten

Schriftstellern lassen keinen Zweifel mehr übrig, dass das Glas ausser zu anderen Zwecken auch zu Fensterglas verwandt wurde; sonst hatte man es vielfach im Gebrauche. Zur Zeit Martials waren Glasbecher ganz gewöhnlich. In Pompeji ist eine grosse Sammlung von Flaschen, Gläsern und anderen Hausgeräthen gefunden worden. Ferner gab es in den römischen Häusern keine Oefen, sondern dafür Kamine, nur zum Theil mit Schornsteinen (Hor. sat. I, 5, 81. epist I, 11, 19. od. I, 9, 5). Meist musste der Rauch durch eine Oeffnung in der Decke oder durch die Fenster-öffnungen abziehen. Daher bediente man sich derjenigen Brennmaterialien, die keinen zu dicken Rauch verursachten, besonders der Kohlen und des getrockneten Holzes, das man mit einem dicken Oelniederschlage bestrich, damit es lustiger loderte (Horat. carm. III, 17, 14. I, 9, 5); auch heizte man wohl mit Kohlenbecken, mit erwärmter Luft, mit Röhrenleitungen. Die Decken der Zimmer wurden anfangs nur durch Bretter über den Balken gebildet. In der verfeinerten Zeit liess man die Balken entweder einen Rost bilden, so dass vertiefte Felder entstanden (lacus, lacunar, laquear) oder man verkleidete die Decke ganz und malte sie in Harmonie mit den Wänden. Nichts aber im Innern des römischen Hauses übertraf an Schönheit den Fussboden. Er bestand in der älteren Zeit gewöhnlich aus Estrich (pavimentum) und war also eine aus Steinchen, Erde oder Kalk festgeschlagene planirte Tenne. Indem man sie mit einem feineren Steingetäfel belegte, kam man allmählig zur Mosaikarbeit (opus musivum oder vermiculatum). Ruperti (Handb. d. röm. Alterth. Bd. 1) beschreibt ihre Entstehung folgender-massen: Der Boden wurde einen Fuss tief ausgegraben und eine Grundlage von Kies, Ziegelbrocken und Mörtel gelegt; darüber bildete man eine Schicht aus Kalk, Sand und Puzzolan-Erde; über diese wurde eine Schicht feinerer Mörtel aus Ziegelmehl, gelöschtem und ungelöschtem Kalk und vielleicht einigen Theilen vulkanischer Asche angelegt, welche eine grosse Härte und Festigkeit erlangte. So lange diese obere Lage weich war, wurde sie eben gemacht und festgestampft und dann in dieselbe nach einer sorgfältigen, schönen Zeichnung kleine Würfel von 3 — 6 Linien im Durchmesser von verschiedenfarbigem Marmor, anderen farbigen Steinen und Ziegelstücken eingedrückt, um dadurch ein farbiges Bild oder eine Verzierung zu bilden. Nachdem diese zu einer ebenen Fläche mit dem Mörtel festgeschlagen waren und letzterer sich verhärtet hatte, wurden sie mit Steinen abgeschliffen, bis die grösste Glätte und der schönste Glanz des Bildes hervortrat. Festigkeit, Schönheit und Kühle waren die Vorzüge, welche dieser Bedeckung der Fussböden allgemeinen Eingang verschaffte. Objecte solcher Bilder sind: Blumen, Zweige, Fische, Schlangen, Vögel, Eber, Löwen, besonders aber Scenen aus dem häuslichen und dem historischen Leben. Das berühmteste der letztern Gattung ist die 1831 im Hause del Fauno aufgefundene Alexanderschlacht, „eine historische Composition voll bewegten und gedrängten Lebens, in schlagender, dramatisch verknüpfter Entwickelung des Vorganges, das Einzelne überall durchaus naiv und ohne Sorge um stylische Vorbedingungen, obgleich bestimmt (z. B. die Köpfe der Hauptpersonen) auf dem Grunde hellenischer Anschauungsweise gefasst." Ein zierliches musivisches Kunstwerk sind „Die Tauben des Capitols." Bei den feinsten Arbeiten dieser Art, in welcher Sosus als Meister genannt wird, waren oft die Stückchen so klein, dass 150 auf einen Quadratzoll kamen. Die herrlichsten Reste unter den zahlreich erhaltenen bewahren das Museum in Neapel und der königliche Palast in Portici.

Die nicht willkührlichen sondern bei den ansehnliche- S. ren Häusern im augusteischen Zeitalter stets wiederkehrenden Theile der domus sind: a. das vestibulum; b. das ostium; c. das atrium; d. die alae; e. das cavum aedium; f. das tablinum; g. die fauces; h. das peristylium.

a. Das vestibulum (abgeleitet von ve ausserhalb und 9. stare) bildete einen tiefen Einschnitt in die Vorderfront, so dass auf beiden Seiten die Flügel des Hauses hervortraten.

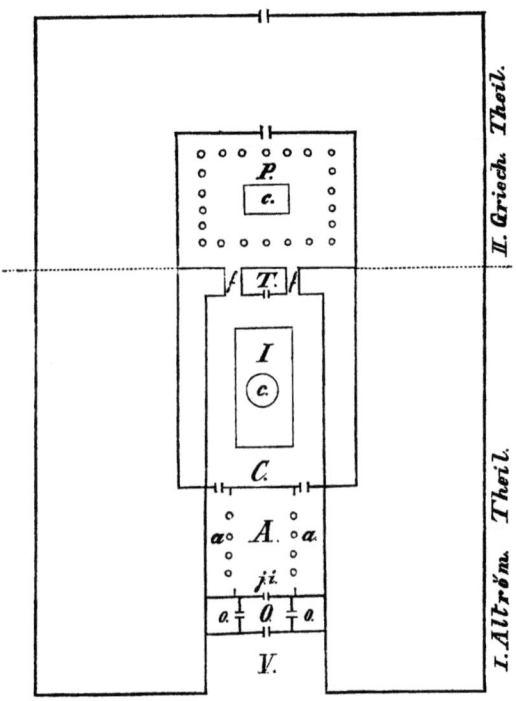

V. = vestibulum; O. = ostium s. janua; o. o. = cellae ostiarii; j. i. = janua
interior; A. = atrium, a. a. = alae; C. = cavum aedium; I. = impluvium,
c. = Cisterne, T. = tablinum; f. f. = fauces; P. = peristylium. — Auf den
leergelassenen Raum sind die oeci, cubicula, cellae u. s. w. zu vertheilen.

Es war ohne Dach und ohne Gitter nach der Strasse zu, doch in den Häusern der Wohlhabenderen schwerlich ohne den des Ganzen würdigen Schmuck.

b. Das ostium Eingang, Hauptthür. Begehrte man Einlass, so klopfte man mit einem an der Thür hängenden Hammer (malleus) an sie an oder zog an einer Glocke (tintinnabulum). Ueber dem Eingang stand gewöhnlich in Mosaik gebildet: SALVE, Willkommen! Oft hing auch ein abgerichteter Papagei oder eine Elster über der Thür und rief dem Eintretenden ein Χαῖρε entgegen. Neben dem Eingange waren die Kammern des Thürhüters (ostiarius oder janitor), neben einer derselben auch der Hund, über dem in Mosaik das warnende: cave canem! gebildet war. Oft vertrat freilich ein Mosaikhund die Stelle eines wirklichen.

c. Das atrium (von ater schwarz d. h. vom Rauche, oder von αἴθριον sub divo, oder von ἀθρόον, weil es der Sammelplatz der Familie war?), der vorderste und der grösste bedeckte Saal des Hauses und zugleich dessen Haupttheil (Horat. carm. III. 1, 45). Trat man vom ostium aus durch die innere Thüre (janua interior) hinein, so hatte man einen grösseren Saal vor sich, von dem durch zwei Säulenreihen an beiden Seiten rechts und links zwei schmale Nebenhallen getrennt waren, ähnlich wie in unsern Kirchen von dem Mittelschiffe die beiden Seitenschiffe. In der mittleren Halle, dem eigentlichen Atrium, standen der lectus genialis s. adversus sc. januae, der Altar der Laren, auf dem ein Feuer unterhalten wurde (Horat. epod. II. 65. Ovid Fast. I. 135), die Webestühle der Frau und der Sclavinnen. Hier versammelte sich die Familie, hier nahm man in der altrömischen Zeit das Mahl, hier beschäftigten sich die Hausfrau und die Sclavinnen mit weiblicher Arbeit, hier erwartete der Client den Patron.

d. Die alae sind also jene zwei Seitenhallen des atrium. Ihre Hauptzierde bestand in den Bildern der Vorfahren (imagines majorum, cerae, expressi cerâ vultus). Dieses jus imaginum, d. h. das Recht, die Bilder der Ahnen, welche curulische Würden bekleidet hatten und also mindestens Aedilen gewesen sein mussten, im Atrium aufzustellen, stand der Nobilität zu, höchst wahrscheinlich aus uralt-patricischer Familiensitte entstanden. Solche Bilder der agnati, cognati, affines, zu denen auch die der Ahnfrauen kamen, entweder bemalte, nach dem Leben geformte Wachsmasken oder ganze Bilder, befanden sich in Wandschränkchen (armaria) an den Wänden jener Seitenhallen. Unter jedem einzelnen, das ein Lorbeerkranz schmückte, standen die Namen, Würden und Verdienste (als tituli oder indices) des Verstorbenen aufgezeichnet. Die Bilder waren nicht neben einander aufgehängt, sondern der Zeit und Abstammung nach unter einander, und durch Laubgewinde in der Weise unter sich verbunden, dass das Ganze einen Stammbaum (stemma) bildete. Wann dann an Festtagen des Staats oder der Familie die Schränke geöffnet und der Lorbeerkranz erneuert wurde, so schauten die dunklen Bilder ernst in das Treiben der Enkel hinein. Besonders feierlich war die Weise, wie diese Ahnenbilder bei Leichenbegängnissen verwandt wurden. Männer, die an Grösse und Gestalt den vorzustellenden Personen glichen, nahmen diese Wachsmasken vor das Gesicht und zogen in der jedem zukommenden Tracht nebst allen gebührenden Insignien vor dem Todten her.

e. Cavum aedium (auch cavaedium) ist der innere Hof in der Mitte des Hauses, um ihn herum die Vorrathskammern (cellae) z. B. die cella coquinaria, penuaria, sogar die vinaria u. s. w. Die Mitte bestand aus einem rings von bedeckten Gängen eingeschlossenen unbedeckten Raume, dem impluvium, in welches von den Dächern rings umher der Regen fiel; es gab den umliegenden Zimmern einiges, wenn auch spärliches Licht. Die Bedachung jener Gänge ruhte auf Säulen, in deren Nähe sich der Ort befand, wo die Penaten standen, die Penetralia (abgeleitet von penus Vorrath?). Die Mitte des impluvium endlich nahm eine Cisterne oder ein Springbrunnen ein.

Vgl. die auf römischer Anschauung ruhende Beschreibung bei Verg. Aen. II. 511 ff.

f. Tablinum, wahrscheinlich am hintern Ende des cavum aedium, das Familienarchiv, zugleich das Geschäftszimmer des Hausherrn. Mit dem tablinum schliesst der eigentlich römische mehr praktische als prächtige Theil des Hauses ab. Der nun folgende Anbau ist griechischen Ursprungs und gehört bereits der feiner gewordenen Zeit an.

g. Die fauces, wahrscheinlich die Durchgänge an beiden Seiten des tablinum in das

h. peristylium. Dieses war meist ein Oblongum, seltener ein Quadrat, quer hinter dem altrömischen Theile des Hauses gelegen. Innen rings umher schloss eine dichtgedrängte Säulenreihe einen freien Platz ein, deren Mitte eine mit Bäumen Sträuchern und Blumenbeten umgebene Cisterne oder ein Springbrunnen schmückte.

Die 8 Theile, die wir behandelt, hatten in allen 10. römischen Häusern dieselbe Lage. Dagegen waren die übrigen 8 je nach dem Geschmacke der Eigenthümer verschieden vertheilt, nämlich: i. cubicula, k. triclinia, l. oeci, m. exedrae, n. pinacotheca, o. bibliotheca, p. balneum, q. coenacula. Den Kyzikenischen Saal, einen Prachtanbau mit Fensterthüren an 3 Seiten, rechnen wir als non Italicae consuetudinis nicht hierzu.

i. cubicula hiessen die zahlreichen kleineren Ge- 11. mächer, die zu Wohn- und Schlafzimmern dienten, meist gegen Sonnenaufgang um das Cavaedium herum gelegen. Denn im Allgemeinen galt das Princip, sie und die Räume, welche die Wirthschaft erforderte, also auch die Vorrathskammern, die Räume für die Sclaven, das Badezimmer, die Küche u. s. w., um das Atrium und das Cavaedium, den altrömischen Theil, herum zu bauen, indess die Prachtzimmer rings um das griechische Peristylium lagen. Die meisten jener cubicula haben nur eine Länge von 14—20' und eine Breite von 10—15', stehen also hinter unseren geräumigeren Wohnzimmern ziemlich weit zurück. Zwei Gründe erklären diese Kleinheit. Der Römer gehörte mehr dem Staate als dem Hause an und verlebte seine beste Zeit nicht in seiner stillen Wohnung, sondern in den Staatsgebäuden und auf den öffentlichen Plätzen; selbst als das öffentliche Leben vernichtet war, wirkte die Bauweise so vieler Jahrhunderte lange nach. Zweitens hatte man besondere Zimmer für viele Zwecke, die wir recht wohl in einem einzigen vereinigen, z. B. Speisezimmer und Schlafzimmer für verschiedene Jahreszeiten u. s. w.

k. triclinia, kleinere Speisezimmer, ähnlich gelegen wie die cubicula.

l. Dagegen waren die oeci, grössere prächtige Speisesäle in mannigfaltigem Baustyl angelegt, nicht minder

m. die exedrae, die grösseren Gesellschafts- und Conversationsräume.

n. Die pinacotheca Bildergallerie, natürlich erst der späteren Zeit angehörig, lag an der Nordseite, damit das Sonnenlicht nicht der Farbe der Gemälde schadete.

o. Die bibliotheca, in sehr vielen Häusern mehr Forderung der Mode als des literarischen Bedürfnisses. Früher hatte meist ein einfacher Wandschrank genügt. Sie musste stets nach Norden zu liegen; dies bestimmt Vitruv mit den Worten (VI. 7): cubicula et bibliothecae ad orientem spectare debent; usus enim matutinum postulat lumen; item in bibliothecis libri non putrescunt.
Ihre Grösse war meist ganz gering, z. B. die einer in Herculanum entdeckten in so hohem Grade, dass man mit ausgebreiteten Armen fast von einer Wand zur andern reichen konnte. Rings an den Wänden standen Schränke nicht über 5' hoch, welche die Bücherrollen aufnahmen; als Schmuck dienten Portraits, Büsten, Statuen. War das Zimmer geräumiger, so wurde es auch wohl zugleich als Arbeitszimmer benutzt. Die Aufsicht über die Bibliothek, die Sorge, sie durch Abschreiben zu vermehren und die abgeschriebenen Bücher — nach unserer Anschauung — einzubinden, hatten die librarii, später antiquarii genannt, geschickte und zum Theil gelehrte Sclaven oder Freigelassene.

p. balneum (ursprünglich balineum), die Badezimmer. In der älteren Zeit beschränkte sich das Baden auf ein warmes und ein kaltes Bad. Damals badete man jedoch nicht täglich, sondern wusch täglich nur die von der Arbeit schmutzigen Arme und Beine und badete den ganzen Körper nur an den Nundinen („balneum non quotidianum, alveus rarus" Cato). Besonders achtete man darauf, dass die Sclaven nicht täglich, sondern nur an den Ruhetagen badeten, damit sie nicht an Körperkraft verlören. Daher hatte man ursprünglich einfache Badezimmer (in usum non oblectationem reperta). Allmählig nahm mit dem Geschmack am häufigen Baden die Pracht und Ausdehnung dieser balnea zu und stieg bis zu dem verschwenderischen Glanze der grossen Thermen. Wir kennen weniger genau die Einrichtung jener Privatbadezimmer und jener Thermen, ziemlich gut dagegen die der kleineren Thermen, namentlich aus den 1824 in Pompeji ausgegrabenen; letzteren sind ohne Zweifel die Badezimmer in den römischen Privathäusern ähnlich gewesen. (Vgl. §. 72. ff.)

q. Das obere Stockwerk, wenn einmal eine domus wirklich zweistöckig war, hiess mit einem Worte coenacula, und hatte nicht gleichen Rang mit den Zimmern der ersten Stockwerks; man gelangte auf mehreren schmalen Treppen dahin. War das Dach des Hauses flach, so legte man über diesen coenacula Erdterrassen an, bepflanzte sie mit Blumen, Sträuchern, Bäumen und schuf so die solaria (sol), die sonnigen Dachgärten. Dagegen wurden auf anderen Häusern die Dächer mit breiten Ziegeln (tegula) gedeckt.

c. Meubles und Hausgeräthe.

Wir lassen eine alphabetische Uebersicht der wesentlichsten Meubles **12.** und Hausgeräthe folgen. Manche an andern Stellen citirte oder behandelte lassen sich nicht von ihrem Zusammenhange trennen.

abacus, vgl. mensa.

armarium, zuerst wohl der Waffenschrank, dann der an der Wand stehende Schrank, um Kleinodien, Geld, Kleider, Speisen u. s. w. zu bewahren. Scrinium hiess dagegen der Schrank, welcher Bücher und Schriften vor Staub und Motten schützte; manche der letzteren Art waren so eingerichtet, dass man sie auf Reisen bequem mit sich führen konnte.

aulaeum, vgl. lectus.

candela und candelabra, vgl. lucerna.

dactyliotheca, ein Kästchen für Ringe.

horologium war der allgemeine Name für „Uhr", solarium und horologium ex aqua (κλεψύδρα?) die jenem untergeordneten Namen für die beiden Hauptgattungen von Uhren. Sehr lange Zeit kannte man gar keine Uhr, sondern richtete sich an sonnigen Tagen nach der Länge seines Schattens, in klaren Nächten nach der Höhe der Gestirne; bei trübem Himmel war man freilich höchst rathlos. Erst Papirius Cursor stellte die erste Sonnenuhr (solarium) auf, der bald eine Reihe ähnlicher folgte. Aber an trüben Tagen blieb man in derselben Ungewissheit wie früher, bis man die Wasseruhren kennen lernte, Mechanismen, ähnlich wie unsere Sanduhren construirt, nur dass statt des Sandes Wasser (häufig durch Gold oder Edelstein) durchlief. Sie wurden in den Privathäusern ganz gewöhnlich. Die Schwierigkeit ihrer Regulirung lag darin, dass der Tag von Sonnenaufgang bis Sonnenuntergang in 12 Stunden getheilt und die übrige Zeit der Nacht zugewiesen wurde, dass also die Stunden des Tages und der Nacht in den verschiedenen Jahreszeiten nicht gleich waren. Zum Ueberflusse hielten Reiche einige Sclaven, welche auf die Zeit zu achten und jedesmal die verflossene Stunde zu melden hatten.

lectus Bett und Sopha. Das Bett zum nächtlichen Schlaf, lectus cubicularis, hatte sehr hohe Füsse und stand ausserdem noch auf einer Stufe, so dass man eines Bänkchens (scamnum) bedurfte, um hinein zu kommen, (lectum ascendere). Inwendig lagen Polster und darüber Decken (stragulae). Man hatte auch Himmelbetten mit Vorhängen (aulaeum). — Der lectus als Sopha war entweder lectus oder lectulus lucubratorius, auf dem liegend man meditirte, las, schrieb, oder er hiess triclinium s. lectus tricliniaris, wenn man auf ihm „zu Tische lag" und war dann viel niedriger als das Bette, ursprünglich nur für drei Personen eingerichtet, häufig eine kostbare Zierde des Speisesaals (vgl. §. 42). — Der lectus funebris war das blumengeschmückte Paradebett des Todten, oft mit Elfenbein ausgelegt, und mit golddurchwirkten Purpurdecken überbreitet.

lucerna Lampe, eine längliche Vase, an der Seite eine Dille für den Docht, gewöhnlich mit einem Deckel, auf dem irgend eine Zierrath angebracht war, und mit einem Henkel; den Deckel hielt ein Kettchen an der Lampe fest. Man hat viele dieser zierlichen Lämpchen aus terra cotta in Pompeji gefunden, auch einige kostbarere aus Bronce. Ausser ihnen bediente sich der Römer häufig der candela, einer Kerze aus Wachs oder aus Talg, welche von dem candelabrum, Leuchter, getragen wurde. Letzterer musste 2½' bis 5' hoch sein, da er gewöhnlich nicht auf einem Tische, sondern auf dem Fussboden stand.

mensa, allgemeine Bezeichnung für Tisch, der bei den Römern niedriger als bei uns war, überdies weit seltener im Gebrauch. Tische aus Ahornholz schätzte man in der älteren Zeit sehr hoch, seit Cicero die mensae citreae aus einer afrikanischen Holzart (nicht dem Citronenbaum) gearbeitet und von unermesslichem, uns fast unglaublichem Werthe. Dieser bestand in der Schönheit der Maser, je nachdem sie dem Felle eines Tigers, dem eines Panthers, dem Schwanze eines Pfau u. s. w., glich. Runde von einem einzigen Fusse getragene Tische hiessen orbes im Gegensatze zu den vierfüssigen, länglich viereckigen. Kleinere Tische, mit der Bestimmung, prächtige Vasen u. s. w. zur Schau zu tragen, hiessen abaci, Prunktische. Da man den Gebrauch des Tischtuchs erst in den Zeiten der Imperatoren kennen lernte, so setzte man die Speisen auf einen Tafelaufsatz (repositorium) und trug sie auf ihm in den Saal und auf den eigentlichen Tisch, daher mensam apponere s. inferre.

orbis, vgl. mensa.

repositorium, vgl. mensa.

scrinium, vgl. armarium.

sedile, vgl. sella.

sella s. sedile, allgemeiner Name für Stuhl mit und ohne Lehne, gepolstert und ungepolstert, von Holz und von Bronce. Die **sella curulis**, zu den Insignien der curulischen Magistrate gehörend, bestand ursprünglich aus Elfenbein, später auch aus Metall und Marmor. Sie waren ohne irgend eine Lehne und hatten vier gekrümmte Füsse, welche wie bei einem Sägebocke gekreuzt waren. Das **solium** endlich war der erhöhte Ehrensitz der Götter und Könige.

speculum, Spiegel, weit seltener Wandspiegel als Handspiegel. Letztere gab es in eckiger, runder, ovaler Form, in der älteren Zeit von geringerem Metall, in der späteren von glänzend polirtem, massivem Silber.

stragula, vgl. lectus.

II. Die Kleidung.

a. Die der Männer.

13. Die **Fussbekleidung** bestand entweder aus den **soleae** oder dem **calceus**. Die **soleae**, Sandalen, nie zusammen mit der Toga und nie im öffentlichen Leben getragen, gehören ganz dem Hause und dem Privatleben an. Zu Gastmählern und in das Bad ging man gern auf denselben, indem man gleichzeitig über das Unterkleid einen Ueberwurf (die lacerna) warf. Ehe man sich auf das Triclinium niederlegte, liess man sich jene abnehmen (demere soleas), zum Nachhausegehen dagegen wiederbringen (poscere soleas). Ihre Befestigungsweise war folgende: „Ein Riemen geht zwischen der grossen und zweiten Zehe durch und ist dort durch eine Ligula mit einem andern verbunden, der der Länge nach über das Fussplatt geht und nebst dem Knöchelriemen das Ganze festhält." — Dagegen gehörte der **calceus** zur Toga und zum öffentlichen Leben. Er war ein wirklicher und den Fuss ziemlich weit bedeckender, vorne vielleicht mit einem Bande zugebundener Schuh, ganz ähnlich dem „deutschen Schuh" unserer Damen. Sein Typus ist würdevoll im Gegensatze gegen die leichtsinnigen soleae. Feiner noch sind die Schuhe der Senatoren gewesen, theils durch die Art der Befestigung

(?), theils durch einen Schmuck, die lunula (Halbmond), von denen der Bürger verschieden. Ob die Farbe des calceus schwarz oder einfarbig (purus) oder mulleus (?) gewesen, lässt sich schwer entscheiden. —

Die Halbstiefeln der Soldaten hiessen caligae (davon 14. Caligula, vgl. SuetonCalig. 52). — Unrömisch aber waren die crepidae (κρηπίδες), stets mit dem Pallium oder der Chlamys zusammengestellt. — Die Beine blieben von den Knieen abwärts unbedeckt, die Hosen (bracae), eine Tracht der Barbaren in Asien, Moesien, Dacien, oder eng anliegend, der Perser u. s. w., kamen erst unter den späteren Imperatoren auf. Aber anstatt ihrer trugen die weichlicheren Römer schon zur Zeit der Republik fasciae, Beinbinden, Schenkelbinden. Nicht minder waren Leibbinden und Binden um den Hals und um die Ohren die Tracht von Weichlingen.

Auf dem blossen Körper, wie bei uns das Hemde, trug 15. der Römer sein Haus- und Arbeitskleid, die tunica. Sie bestand aus Wolle, war von weisser Farbe, lange Zeit ohne Aermel und so kurz, dass sie nur wenig über die Knie hinabreichte. Sich an den Körper anschliessend, wurde sie über den Hüften mit einem Gürtel zusammengehalten. Zunächst erhielt sie kurze Aermel bis an den Ellenbogen. Es war immer noch ein hartes Geschlecht, das im Hause' sogar in der Winterzeit, stets mit halbentblössten Armen und Beinen ging! Die tunica pura stand allen zu, die laticlavia nur den Senatoren und seit Augustus deren Söhnen. Sie war der äusseren Würde halber langer als die gewöhnliche, etwa bis auf die Mitte der Schienbeine herabgehend, und vom Halse bis zum unteren Saume mit einem breiten, angewebten Purpurstreifen (clavus) geschmückt. Damit derselbe ununterbrochen und gleichmässig herabfiel, wurde diese Tunica nicht gegürtet, und eben darum hielt man auf Sorgfalt in dem Anlegen derselben und rügte den Nachlässigen (Sueton Caes. 45). Sulla ermahnte die Optimaten ut male praecinctum puerum caverent.)

Dem Ritterstande kam als insigne die tunica angusticlavia zu, vorn, ähnlich wie die der Senatoren, durch

2*

einen oder zwei Purpurstreifen, aber durch schmale, aus-
gezeichnet. Freilich sah man im Freien, wo die Toga das
Unterkleid meist verhüllte, jene breiten und schmalen Purpurstreifen nur ganz oben auf der Brust, dagegen ganz
von oben bis unten nur im Zimmer. — Die tunica pal-
mata, ein mit Palmzweigen gesticktes Unterkleid, gehörte
zu dem Anzuge des triumphirenden Feldherrn, — In der
weichlicher gewordenen Zeit trug man zwei Tuniken über-
einander und nannte die innere subucula, die äussere sup-
parus. Gewöhnlich hatte die innere und engere und ge-
gürtete lange Aermel (tunica manicata, Cic. Cat. II. 10,
22), die äussere und weitere und ungegürtete gar keine
oder kurze (?). Augustus trug vier über einander; Sueton
Octav. 82: hieme quaternis cum pingui toga tunicis et subuculae thorace
laneo et feminalibus et tibialibus muniebatur. Als ein noch grösseres
Zeichen der Verweichlichung galt die tunica talaris, d. h.
eine bis auf die Knöchel hinabgehende.

16.   Die toga (abgeleitet von tego?), das charakteristisch-
nationale, mantelartige Obergewand, nicht erlaubt für die,
welche das Bürgerrecht verloren, für die Peregrinen und
die Sclaven, wurde anfangs auf dem blossen Körper getragen, z. B. noch von dem alten Cato, später als Ueberwurf. Den togati sind die barbari entgegengesetzt (gens
togata bei Verg. Aen., I. 282. cf. Hor. carm. III. 5, 10),
andererseits die sagati; dem sagum, Soldatenmantel gegenüber ist die Toga das Kleid des Friedens. Es trug sie der
Bürger in Rom selbst bei allen öffentlichen Veranlassungen,
z. B. in den Comitien, vor Gericht, meist auch auf der Strasse,
stets mit dem calceus zusammen; er trug sie meist auch
im Auslande dann, wann er seine Nation zu repräsentiren
hatte. Hell leuchtete dort das gefürchtete weisse Gewand
aus den bunten Trachten der Barbarenstämme hervor! Bei
der Arbeit jedoch, besonders der Feldarbeit, welche freie
Bewegung der Arme erforderte, ebenso, wenn es der schnel-
len Bewegung zu Fuss bedurfte, endlich in der Stille des
Hauses legte man die Toga ab und erschien in der Tunica.
Jene, wahrscheinlich ein alt-etruskisches Gewand, blieb

bis in die spätere Kaiserzeit hinein und erfuhr durch die
Mode nur Veränderungen in ihrer Weite und der mehr oder
minder künstlichen Weise des Faltenwurfs. Sie bestand,
wie die Tunica, aus Wolle, besonders aus apulischer, mile-
sicher und lakonischer; erst in den spätesten Zeiten der
Imperatoren wurde sie von Seide getragen. Ihre Form war
höchst wahrscheinlich ein Halbkreis, ihre Weite höchst
verschieden (Hor. ep. I. 18, 30.; dagegen Cic. Cat. II. 10).
Als eine sehr weite Toga bezeichnet Horaz (epod. IV. 8)
eine von 6 Ellen. Selbst in der späteren Zeit galt die engere Toga für anständiger und würdevoller. Sie ist entweder
aus einem einzigen Stück gewebt gewesen oder an den
Statuen, die uns diese Tracht darstellen, verhüllen die
Falten die Naht. Ihre Farbe war wohl die natürliche
weisse der Wolle, die öfters der säubernden Hand des
Walkers (fullo) bedurfte (Hor. sat. II. 2, 60). Glänzender
noch als diese toga alba war die toga candida des Be-
werbers um ein öffentliches Amt (Staatsalterth. §. 50).
Die Trauertoga hiess toga pulla. Ob sie eine schmutzige
gewesen, wie sich kaum mit dem Pomp eines Leichenbe-
gängnisses vereinigen lässt, oder aus der grauschwarzen
Wolle des dunkelfarbigen Schafs gewebt, ist aus den vor-
handenen Stellen nicht zu ersehen. War dagegen Jemand
angeklagt und suchte er das Mitleid des Volkes zu seinen
Gunsten zu erwecken, so erschien er in einer wirklichen
toga sordida, einem fleckigen und in dem Faltenwurfe
vernachlässigten Gewande. Toga praetexta hiess das
vorn mit einem Purpurstreifen verbrämte Amtskleid der
höchsten Magistrate: Consuln, Praetoren, Aedilen, einiger
Priester (Staatsalterth. §. 71. ff.) und einiger Obrigkeiten
in den Municipien und Colonien. Seltsamer Weise trugen
dieses höchste Ehrenkleid in den Zeiten der freien Republik
auch freigeborne Kinder, welche noch nicht die toga virilis angelegt hatten, bis zu ihrem Tirocinium fori. — Die toga
picta, ein mit Gold gesticktes Purpurkleid, trug der siegreiche Feldherr bei seinem Triumphe über der tunica pal-
mata. Die toga purpurea endlich, die Purpurtoga wurde
seit Caesar (Cic. Phil. II. 34) das Obergewand der Impe-

ratoren. — Sehr verschieden sind die Ansichten über die
Art gewesen, wie die toga (nicht angezogen, sondern) umgeworfen wurde. Für unsern Zweck lassen wir, da hier
eine kritische Behandlung nicht an ihrer Stelle sein würde,
die Auffassung des Meisters auf diesem Gebiete der Alter-
thumskunde folgen: Nach vielfältigen Versuchen mit viereckigen und runden Tüchern habe ich mich überzeugt,
dass nothwendig ein halbrundes und zwar sehr langes,
aber im Verhältniss zu seiner Länge viel breiteres oder
weiteres Gewand, als ein Kreisabschnitt sein würde, dazu
gehöre. Dieses Gewand wurde zuerst über die linke Schulter geschlagen, nur dass der mit dem Zipfel vorn überhän-
gende Theil viel weiter herabreicht und schon durch diesen
Wurf der linke Arm völlig bedeckt wird. Dann zog man
die Toga hinter dem Rücken weg nach vorn und fasste sie
etwa in der Mitte ihrer Weite faltig zusammen, so dass
der obere Theil als Sinus herabfiel, der untere Leib und
Schenkel deckte. So entstand der unter dem rechten Arm
hervor schräg über die Brust sich ziehende Faltenbausch.
Der übrige Theil wurde dann über die linke Schulter und
den Arm geschlagen, der nun doppelt bedeckt war. An
den Zipfeln sieht man häufig Quasten oder Knöpfchen, die
entweder zur Verzierung dienten oder bestimmt waren,
durch ihre Schwere das Gewand nieder zu halten. Endlich
wurde ein Theil des vorne herabhängenden Gewandes unter
dem schrägen Faltenbausche hervorgezogen, oder es wurde
etwas von der Weite des Sinus nach links herübergezogen,
so dass es wie ein kleiner Sinus über den Bausch hing,
und dies, glaube ich, in Verbindung mit dem Bausche ist
es, was man umbo nannte (Becker).

17.   Eine Kopfbedeckung trug man gewöhnlich inner-
halb der Stadt nicht. Gegen plötzlich eintretendes Unwetter oder gegen das Erkanntwerden in der Dunkelheit,
schützte man sich durch den über den Kopf geworfenen
Zipfel der Toga oder man bediente sich noch besser des
Kapuchons (cucullus) an der Paenula oder der Lacerna
und zog ihn über den Kopf (§. 18). Für gewisse religiöse
Feierlichkeiten setzte man den pileus auf, eine wollene

Mütze, mit der sonst die freizulassenden Sclaven bedeckt wurden (daher das Bild: ad pileum vocare). Auf Reisen gegen Regen und Sonne trug man den petasmus (πετάν-νυμι), einen flachen, runden und so breitkrämpigen Hut, dass er die Schultern überragte; Caligula erlaubte den Zuschauern im Theater, ihn gegen die brennende Sonne dort aufzusetzen. Eine andere Hutform ohne Krämpen hiess galerus, apex dagegen die spitze Mütze der Priester, kegelförmig aus dem Felle eines Opferlamms zusammengenäht und mit einer wollumwundenen Ruthe (virga olea-ginea) verziert; sonst bedeutete apex auch die Kopfbedek-kung der alten Könige Roms und der asiatischen Despoten.

Nachdem wir so die Kleidung des römischen Bürgers 18. von den Füssen bis zum Haupte erörtert, wiederholen wir, dass es gewöhnlich nur drei Stücke waren, die sie bilde-ten: toga, tunica, calceus. Wir gehen dann zu denjenigen Kleidungsstücken über, die für besondere Zwecke bestimmt waren: paenula, lacerna, laena, abolla, endromis, synthesis.

Die paenula, ein von allen Ständen gegen Regen und Kälte getragener langer und einfacher Mantel ohne Aermel, hatte nur einen Ausschnitt, durch den man den Kopf steckte; dann bedeckte er den ganzen Körper, die Arme mitgerechnet, so dass man letztere nicht viel rühren konnte. Gewöhnlich bestand er aus starkem, zottigem Fries, sel-tener aus Leder. Auf Reisen trug man ihn über der Tu-nika, in Rom bei Regenwetter selbst über der Toga. Jün-ger als die schon vor Plautus übliche paenula war die lacerna, von jener dadurch verschieden, dass man durch sie nicht den Kopf steckte, sondern dass man sie wie ein griechisches Pallium überwarf und oben durch eine Schnalle (fibula) zusammenhielt. Dass sie zu Cicero's Zeiten noch nicht allgemein für anständig galt, erhellt aus dem herben Tadel über den Antonius (Phil. II. 30). Später verdrängte sie mehr und mehr die Toga und übertraf die paenula durchaus an Eleganz; man trug sie weiss, farbig, ja sogar mehrfarbig und zahlte für eine den Preis von 500 Thlr. Ein grosser Unterschied zwischen dem einfachen und feierlichen Typus der römischen Toga und der bunten Leichtfertigkeit dieses griechischen Mäntelchens! Wir bemerken endlich noch, dass sowohl die paenula als auch die lacerna mit einem hinten angehefteten Capuchon (cucullus) versehen wurden, welchen man nach Belieben über den Kopf ziehen und wieder hinunterlassen konnte. Die laena scheint ein besonders weites, meist für religiöse Feierlichkeiten bestimmtes Gewand gewesen zu sein, die abolla (ἀναβολή) wahrscheinlich ein griechisches Prachtgewand, die endromis ein Umwurf, um sich gegen Erkältung zu schützen, wenn man erhitzt war. Die synthesis (συντίθημι mit Rücksicht auf die Falten) wurde oft beim Mahle angelegt, wo die Toga zu unbequem, die Tunika aber unschicklich war, jedenfalls in der späteren Zeit buntfarbig und von der höchsten Eleganz.

b. Die Frauenkleidung.

19. Wie bei den Männern, so blieb auch bei den Frauen die eigentlich nationale Kleidung in ihrer Grundform unverändert; die Reihe der Jahrhunderte modificirte nur die Stoffe, Farben, Besätze, Verzierungen und sonstige Kleinigkeiten.

20. Die weisse Farbe war ursprünglich der Kleidung der höheren Stände eigenthümlich, ein Princip, welches auch die Mode in der Kleidung der Matronen beherrschte. Sogar die Schuhe der Römerinnen (ebenfalls calcei, soleae, crepidae) mussten, wenn die Frau geputzt erscheinen wollte, glänzend-weiss sein, höchstens durch Goldstickerei zweifarbig. — Auf dem blossen Körper wurde die untere Tunika getragen, wahrscheinlich indusium oder intusium oder interula genannt, eigentlich nichts weiter als ein wollenes, später auch aegyptisch-linnenes oder baumwollenes oder seidenes Hemd, das eben die Knie bedeckte. Sie war eng und wurde unter dem Obergewande nicht gegürtet. — „Schnürleiber, um den natürlichen Wuchs zu unnatürlicher Schlankheit zusammenzupressen, kannten die Alten nicht und eine wespenartige Taille wäre ihnen ein Gräuel gewesen." — Jenes Obergewand, die stola,

galt als das eigentliche Ehrenkleid der Matrone, verboten
für jede Frau, deren Ehre angetastet war, verboten für
Libertinen und Sklavinnen. Sie fiel vorn und hinten tief
hinab, hatte nur dann kurze Aermel, wann die Tunika
darunter ärmellos war, und wurde vorn oben durch eine
Agraffe (fibula) zusammengehalten, über den Hüften durch
einen Gürtel. Unten war eine lange Falbel (instita) ange-
näht, so lang, dass die Stola auf dem Boden geschleppt
und das Gehen beinahe verhindert hätte, wenn sie nicht
aufgeschürzt worden wäre. Es zog nämlich die gürtende
Sklavinn das lange Gewand über das Gürtelband soweit
hinauf, dass gerade die Spitze des Fusses noch etwas
sichtbar und um den Gürtel herum ein schöner, etwas
überhängender Faltenbausch gebildet war. Gerade dieser
Faltenbausch ist etwas Charakteristisches an der Stola. Sie
hatte bei vornehmeren Damen oft oben und unten einen
Saum von Gold oder einen breiten Purpurstreifen. Die
Kopfbedeckung der Römerinnen bestand gewöhnlich
entweder aus einem Netz (reticulum) oder einer Mitra
oder Mitella, einer asiatischen Kopfbedeckung, oder aus
einer vitta, einem weiss-wollenen Bande, das die Haare
zusammenhielt (vitta coercebat positos sine lege capillos Ovid Met.
II, 413). — Zum Ausgehen bedienten sich die Frauen der
palla (wahrscheinlich = amiculum), nach unseren Vorstellungen eines Shawls oder Umschlagetuches. Sie war
ärmellos, weit und lang und wurde wie eine Toga in
reichem Faltenwurfe umgeworfen, tief bis auf die Füsse
herabfallend.

Wenn in der älteren Zeit eine Matrone nicht muthwil- 21.
lig auf ihren Stand Verzicht leisten wollte, so trug sie
ausser Gold und Purpur nur Weiss, nichts Farbiges. Es
kam daher darauf an, diesen Kleidern möglichst viel Glanz
zu geben, und hierzu bediente man sich unter andern eigener Kleiderpressen, in denen jene so lange lagen, bis
sie angelegt wurden. Aber schon im ersten Jahrhundert
kamen die bunten Farben mehr und mehr auf. Da werden
erwähnt als einfarbige: purpurne, scharlachne, amethyst-
farbige, violette, lauchgrüne, gelbliche, eisen-, meer-,

malven-, crocus-, hyacinthenfarbige; als mehrfarbige
durch Drucke oder durch Stickerei: gewürfelte, goldge-
musterte (plumatae), changeant (undulatae) u. s. w.

22.   Alle diese Kleidungsstücke, der Männer wie der Frauen,
waren entweder ganz fertig gewebt oder kamen wenigstens
in grossen, abgepassten Stücken vom Webstuhle, die nur
der Zusammensetzung durch geschickte Hände bedurften.
Die Sklaven und Sklavinnen, welche, unsern Schneidern
und Schneiderinnen entsprechend, dies besorgten, hiessen:
vestiarii, vestifici, paenularii, sartrices, sarci-
natores, vestitores.

23.   Die Wäsche geschah nie im Hause, sondern in den
grossartigen Waschhäusern der Walker (fullones); von
dieser lästigen Arbeit unserer Hausfrauen wussten also die
Römerinnen nichts. Die Fullonen, die auch die Appretur
übernahmen, mussten daher eine numerisch starke Innung
nicht nur in Rom selbst, sondern sogar in jeder Landstadt
ausmachen. Man hat an den Wänden einer in Pompeji
ausgegrabenen fullonia Wandgemälde entdeckt, welche
uns die Manipulationen des Waschens und Appretirens bis
in die unbedeutendsten Details darstellen.

c. Kleider der Sklaven und Sklavinnen.

24.   Dass sich die Sklaven von den Freien nicht nur durch
langes Haar und einen ungeschornen Bart, sondern auch
durch die Kleidung unterschieden, beweisen mehrere ge-
wichtige Stellen, z. B.: Tac. hist. IV, 36; Cic. in Pis. 38;
besonders Tac. Ann. XIII, 25: Nero itinera urbis et lupanaria et
diverticula veste servili in dissimulationem sui compositus pererrabat.
Der Hauptunterschied mag in der dunkleren Farbe und
dem gröberen Stoffe der Kleider bestanden haben, wodurch
also diese Klasse den ärmeren Bürgern äusserlich ähnlich
wurde. Ausnahmslos verboten blieb dem Sklaven die Toga,
der Sklavin die Stola. Jene trugen an den Füssen die
crepidae, diese die calcei. Ihr Kleid in ihren häuslichen
Geschäften war die Tunika, exomis genannt, gewöhnlich
nur eine, enger als die der Freien, für schnelle Bewegung
besonders geeignet (Hor. sat. II, 8), aber nicht weiss son-

dern grau-schwarz. Wann sie ausgingen trugen sie darüber eine paenula oder lacerna (Hor. sat. II, 7, 58). Ge-
naueres über die Sklavenkleidung fehlt, besonders über
die Tracht der Sklavinnen.

III. Putz und Schmuck.

a. Der Männer.

Der schönste Schmuck des römischen Bürgers, bis die [25.]
Legionen aus Söldnern bestanden, war die Waffenrüstung
und waren die erst sehr einfachen, später wahrhaft ver-
lockenden Ehren, mit denen die Republik der Tapferkeit
lohnte, von dem einfachen Graskranze an bis zu dem
Triumpheinzuge in Rom (Kriegsalterth. § 14). Aber schon
früh, selbst in der kernigsten Epoche der römischen Ge-
schichte, machte sich in mehreren Richtungen eine Ab-
weichung von der Vätersitte und eine steigende Hinneigung
zu Putz und Schmuck geltend. Dahin gehört die Verän-
derung in der Tracht des Barts. Zur Zeit des Einfalls
der Gallier trugen noch alle Römer lange Bärte (Liv. V, 4.
Horat. carm. I, 12, 41; II, 15, 11). Doch schon vor den
punischen Kriegen wurde es Sitte, die Haare ordnen und
den Bart scheeren zu lassen. Plinius berichtet hierüber
(VII, 59): „Die Barbiere kamen von Sicilien nach Italien im Jahre der
Stadt 484. Vorher waren alle ungeschoren. Als der erste von allen liess
sich Afrikanus täglich rasiren." Als diese Sitte allgemein geworden war, trugen alle Kinn und Wangen glatt und die
Haare kurz, wie die Statuen es uns zeigen. Doch in der
Trauerzeit liess man Bart und Haare wachsen (barbam et
capillum promittere, bei den Frauen capillum solvere
Liv. I, 26. Terent. Heaut. III, 3, 49). Indem die Philosophen (Hor. epist. ad Pis. 297 sqq.) eine zweite Ausnahme
von der Regel machten, bildeten sie mit ihren oft struppi-
gen Zottelbärten eine unerschöpfliche Fundgrube für Witz
und Spott. Die reicheren Römer liessen sich von einem
eigenen Sklaven rasiren, die ärmeren gingen in die Bar-
bierstuben (tonstrinae), von wo sie, ganz wie bei uns, die

allerneuesten Stadtgeschichten mitbrachten. Obgleich von
Hadrian an mehrere Imperatoren, wie uns ihre Münzen
zeigen, wiederum den Bart ungeschoren trugen, so kehrte
dennoch die alte Sitte nicht wieder zurück.

Mehr Putz als Bedürfniss war zweitens die bunte Lacerna (§ 18), drittens führte die alte Sitte, dass jeder Römer wenigstens einen Siegelring am vierten Finger der
linken Hand trug, zu höchst lächerlichen Uebertreibungen.
Jene Ringe waren zuerst eiserne, später goldene, aus einem wurden mehrere und immer noch mehr. Stutzer über-
säten damit ihre Finger und bedurften einer eigenen Dak-
tyliothek (§ 12), in welche die Ringe der Reihe nach
hineingesteckt wurden, ja sie hatten leichtere Sommerringe
und schwerere Winterringe. Einen solchen Menschen ver-
spottet Martial: Charinus trägt sechs Ringe an jedem Finger und legt
sie bei Nacht nicht ab, auch nicht, wann er sich wäscht! (XI. 59).
Uebrigens bedienten sich die Stutzer der späteren Zeiten
fast derselben Mittel, welche wir im Folgenden bei den
Frauen behandeln.

b. Putz und Schmuck der Frauen.

26.   Der Haarputz der Römerinnen erforderte nicht
mindere Sorgfalt als der bei den meisten übrigen Nationen.
Jene trugen in verschiedenen Zeiten theils den tutulus,
eine Art von Haarputz, bei welchem die Haare oben auf
dem Kopfe thurmartig zusammengebunden wurden, oder
sie trugen mit dem Brenneisen wohlgebrannte Locken und
Löckchen, oder zur Zeit, als die Deutschen schon bekann-
ter wurden, deutsche Haarflechten und Zöpfe. Die reich-
sten Frauen flochten auch wohl nach der Sitte des Orients
Perlen in das Haar. Besonders prächtig war die Mode
des Diadems: „Eine Art von Halbcirkel wurde vorn
über der Stirn in die Haare gesetzt und diese so künstlich
darüber weggeschlagen, dass nur die vorragende Spitze
dieses Halbcirkels in der Mitte aus den Haaren hervor-
stand und das Diadem bildete, das uns an den Köpfen
der Göttinnen und vornehmer Römerinnen so oft und so
wundersam erscheint." (Nach Böttigers Sabina). Poma-

den kannte man sehr wohl und liebte besonders diejenige, welche dem Haare die goldgelbe, in das Feuerfarbene überspielende Farbe gab, die man an den Germanen bewunderte. Hatte jedoch eine Dame das Unglück gehabt, ihre Haare ganz oder theilweise zu verlieren, so fand sie dafür in trefflichen Perrücken (capillamentum, galericulum) Trost und Ersatz, unter denen die aus den blonden Haaren der Sigambrerinnen und Cattinnen wiederum am höchsten geschätzt wurden.

Die Ohren waren mit Ohrgehängen geschmückt. 27. Wegen dieser klagt Seneka:

Zwei Perlen neben einander und eine dritte oben darüber machen jetzt ein einziges Ohrgehänge aus. Die rasenden Thörinnen glauben vermuthlich, ihre Männer wären noch nicht geplagt genug, wenn sie nicht in jedem Ohre zwei oder drei Erbschaftsmassen hängen hätten!

Die Zähne suchte man durch das Kauen von chii- 28. schem Mastix zu erhalten. Falsche gab es sehr frühe; denn nach den XII Tafeln sollte man dem Todten seine goldenen Zähne lassen (Cic. de leg. II, 24).

Den Teint zu erhalten, bedienten sich die römischen 29. Damen der Schleier, der Sonnenschirme, der Pfauenwedel und kostbarer Fächer aus Straussfedern, ihn zu verschönern bedeckten sie Nachts das Gesicht mit einem Teige aus feinem Weizenbrodte, das in Eselsmilch getränkt wurde. Man glättete ferner die Haut mit Bimsstein und bediente sich äusserst feiner Seifen und weisser und rother Schminke (fucus). Auch schwarze wandte man an, um die Augenbrauen zu färben.

Andere Schmucksachen waren: Halsbänder (monile), 30. Ketten (torques, catena, catella), Armbänder (armilla, besonders in Schlangengestalt beliebt) und Ringe (annulus).

Im Hause der Vestalinnen in Pompeji hat man folgende Toilettengegenstände gefunden:

Einen runden Metallspiegel, goldene Heftnadeln, Haarnadeln von Elfenbein, einen Kamm, eine Salbenbüchse, gläserne Schminkvasen, Fläschchen zu wohlriechenden Wassern, Armbänder von Elfenbein, Ohrgehänge, Halsketten, Zahnstocher, Ohrlöffel und eine Scheere.

IV. Speise und Trank.

1. Die Speise.

31. a. Speisen, Gerichte. Kein Volk der Erde hat
eine ähnliche Reihe von Helden aufzuzählen, deren Einfachheit ihrem Ruhme gleichkommt, kein anderes ruft
seinen Feldherrn vom Pfluge ab und lässt ihm eben Zeit,
seine Rüben zu verzehren. Leider fehlt es zu sehr an
Details über diese Einfachheit der archaischen Periode,
leider sogar über die alltägliche Coena der späteren,
bereits feineren; dagegen beleuchten die erhaltenen Sa-
tiren des Horaz, Juvenal, Martial, Petronius vielseitig den
Ausnahmezustand, den raffinirtesten Luxus der Gastmahle
und Feste.

32. Statt unseres Brodtes haben die Römer sehr lange einen Brei (puls) genossen, den sie aus Spelt (far, ador),
seltener aus Gemüsen (olera) oder aus Hülsenfrüchten (legumina) bereiteten. Ueberhaupt war bei ihnen die vegeta-
bilische Nahrung vorherrschend, Fleischspeisen dagegen
weit seltener als in der späteren Zeit und bei uns. Von
den damaligen Mahlzeiten der Armen wissen wir so gut
wie nichts, können jedoch ihre Kärglichkeit daraus er-
messen, dass es sogar bei den Nobiles lange Sitte blieb,
bei der Coena nur zwei Gänge zu essen. Mit den Erobe-
rungen in Asien und Griechenland kamen Bäcker (pisto-
res), Conditoren (dulciarii) und Köche (coqui) nach Rom,
und nun erst begann man gewählter zu essen. Nun wurde
Brodt gebacken, seinem Stoffe, seiner Qualität und seiner
Farbe nach panis cibarius, panis secundus, (Hor. epist. II,
1, 123), candidus, vetus, nauticus, hordaceus (Gersten-
brodt), siligineus (Weizenbrodt) genannt. Feinere Back-
werke waren: placenta (Kuchen: Hor. sat. II, 8, 24),
pastilli (etwa Confekt: Hor. sat. I, 2, 27), buccella
(ein kleiner Kuchen, etwa ein Mund voll). Besonders aber
hob die Kunstfertigkeit der Köche seit Lucullus und Sulla
die Gastronomie auf eine nie wieder erreichte und gerade
nicht beneidenswerthe Höhe.

Die Zeiten waren vorüber, von denen der Dichter 33.
(fast. VI, 173) sagt:

> Piscis adhuc illi populo sine fraude natabat,
> ostreaque in conchiis tuta fuere suis.
> Nec Latium norat, quam praebet Ionia dives,
> nec quae Pygmaeo sanguine gaudet avem.
> Et praeter pennas nil in pavone placebat.

Vielmehr finden wir bei den römischen Schriftstellern besonders folgende Thiere als Zierden der Mahlzeit erwähnt:

Säugethiere: Wilde Eber, seltener zahme Schweine, 34. gewöhnlich ganz auf den Tisch gebracht; Antonius liess deren acht auf einmal auftragen. Lächerlicherweise liess sich oft eine einzige Person einen ganzen Eber vorsetzen. Am höchsten schätzten die Gourmands die etrurischen, lucanischen, umbrischen (Hor. sat. II, 4, 40; II, 234). Sonst ass man vom Schweine gern den arragonischen und gallischen Schinken (perna, Vorderschinken, petaso, Hinterschinken?), Würste (farcimen, botellus), geräucherten Schweinskopf u. s. w. Nicht minder beliebt war das Milchferkel (porcellus lactans). — Ferner werden vorzugsweise erwähnt: Hasen, Haselmäuse (glis), mit Kastanien gemästet, Bocklämmer (haedus), Kaninchen (cuniculus).

Vögel: Der Pfau (pavo), die Gans (anser), deren Le-35. ber man schon damals gebührend zu würdigen wusste, die Ente (anas), der Kapaun (capo), das Huhn (gallina), der Fasan (phasianus), die Ringeltaube (palumbes), die Turteltaube (turtur), der Krammetsvogel (turdus), die Amsel (merula), das Rebhuhn (perdix), die Nachtigall (Hor. sat. II, 3, 248). Dass die Römer leidenschaftlich Kraniche (Hor. sat. II, 8, 87) und Störche (Plin. X, 23) gespeist, hat für den Jäger nichts Auffallendes.

Fische: Butte (rhombus), besonders aus dem adriati-36. schen Meere, Muräne (muraena), aus den sicilischen Gewässern, Seebarbe (mullus) im Preise bis zu 400 Thlr., Steinbutte (passer), Hecht aus der Tiber (lupus), Makrele (scomber), Schwerdtfisch (helops).

Schaalthiere: Auster (ostrea) aus dem Lukrinersee 37.

(eigentlich ein Meerbusen) in Campanien, theils roh, theils zubereitet und warm genossen, Meerigel (echinus), Kammmuschel (pecten), Schnecke (cochlea), eigens gemästet.

38.   **b. Die römischen Mahlzeiten.** Die beiden Hauptmahlzeiten waren und blieben das **prandium** und die **coena.**

39.   **Das Prandium** wurde um die sechste oder siebente Stunde genossen, also nach unserer Zeitrechnung um Mittag. Um sich die Coena nicht zu verderben, ass man nur mässig von leichteren wärmeren wie kalten Speisen und trank dazu mulsum, seltener die calda (§ 47). Oft genoss man dieses Frühstück im Stehen, ein Zeichen seiner Einfachheit.

40.   **Die Coena** sollte erst dann beginnen, wann des Tages Last überwunden war, zwischen 2 und 3 Uhr Nachmittags, im Winter wohl später, besonders bei den Vornehmeren; zu früh anfangen heisst daher coenare de die. An Festtagen machte man dagegen gern eine Ausnahme und begann früher, nicht selten schon um Mittag. Die Coena bestand aus drei Theilen:

α. gustus, gustatio, promulsis = Voressen.

β. caput coenae, fercula = Hauptessen.

γ. mensae secundae = Dessert, Nachtisch.

α. **gustus, gustatio, promulsis,** die Einleitung in das System der Coena. Sie hatte den Zweck, den Magen recht anzuregen, und daher den Appetit mehr zu reizen als zu befriedigen. Auf dieses Ziel hin wirkten: pikante Würste, scharfe Saucen (z. B. das garum aus den Eingeweiden und dem Blute von Seefischen, entsprechend etwa unserm Caviar), leicht verdauliche Fische, Schaalthiere, Oliven, Salat (? lactuca), Lauch (porrum), Raute (ruta). Befremdend aber bleibt es, dass man dazu auch die stark sättigenden Eier fast gewöhnlich nahm, woher das Sprichwort: ab ovo usque ad mala = von Anfang bis zu Ende (Hor. sat. I, 3, 6); doch weist Cicero, auch hierin eine Autorität, die Eier entschieden aus der gustatio heraus (ad div. IX, 20). Das Getränk bei derselben war das beliebte mulsum, eine Mischung von Most oder Wein mit

Honig, leichter und lieblicher als die schwereren nun folgenden Weine.

β. Der Haupttheil der Coena bestand aus mehreren Gängen (fercula von ferre = auftragen), welche daher auch prima, altera, tertia coena genannt wurden. Der Hauptgang, das eigentliche caput coenae, hiess auch pompa. Die Zahl der Gänge bei der alltäglichen Coena in wohlhabenden Häusern war selten über drei, der Wein schwer und feurig.

γ. Der Nachtisch, mensae secundae. Er bestand aus Backwerk, Nüssen und frischem und getrocknetem Obst: Feigen, Birnen, Trauben, Oliven, Aepfeln und aus süsseren Weinen. Eine solche Mahlzeit, in der alle Theile von den Eiern an bis zu den Aepfeln gebührend vertreten waren, hiess eine coena recta.

Ausserordentliche Mahlzeiten waren: 41.

α. Das jentaculum, ein Morgenimbiss, Brodt in Wein getaucht, auch wohl Früchte, Milch, Eier, Käse. Es scheint nur dann genossen zu sein, wann man besonders früh aufstand, etwa vor einer Reise, und wann man es nüchtern bis zum Prandium nicht aushalten konnte. Wir werden also diese Mahlzeit vorzugsweise bei den italischen Landleuten zu suchen haben.

β. Die merenda, auch antecoenium genannt, für die, welche schwer zu arbeiten hatten, auch für Kinder, zwischen dem Prandium und der Coena.

c. Sitten und Einrichtungen bei der Coena 42. und dem Gastmahl. Man machte sich gern vor der Coena Bewegung, theils durch Spazieren, theils durch das Ballspiel, und steigerte den Appetit noch durch ein Bad. Dann legte man die soleae (§ 13) und die synthesis (§ 18) an, doch die ersteren vor dem Beginn des Essens wieder ab. In der älteren Zeit wurde im Atrium gespeist und zwar sitzend. Später erstanden die Speisesäle, und aus Asien kam für die Männer die Sitte, bei Tische zu liegen nach Rom. Die Frauen dagegen mussten bei der Coena sitzen, bis eine ganz verderbte Zeit auch ihnen das Liegen gestattete. Diese Eigenthümlichkeit übertrug man sogar auf

den Cultus der Götter, indem man beim epulum Jovis den
Jupiter liegen liess, Juno aber und Minerva sitzen. Neben den Frauen hatten die Töchter und die Knaben,
welche noch nicht die männliche Toga empfangen, ihren
Sitzplatz auf dem Ruhebette.

Triclinium.

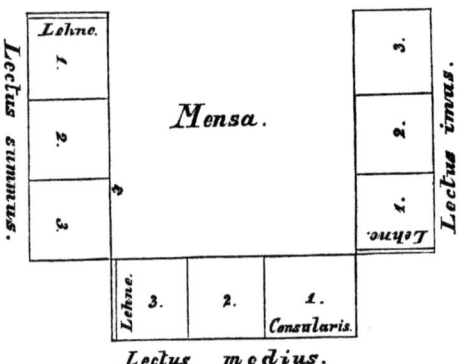

43. Um einen viereckigen, niedrigen Tisch herum standen
drei dieser niedrigen, mit kostbaren Decken belegten
Ruhebetten (lecti tricliniares), so dass eine Seite für die
Bedienung frei blieb. Jene hiessen lectus summus, medius,
imus, das ganze System hiess ein triclinium (hier also
nicht „Speisesaal" bedeutend). Das geehrteste von den
drei Ruhebetten war das mittlere, der offenen Seite des
Tisches gegenüber, dann das links von diesem, der lectus
summus, endlich das rechts der lectus imus. Auf jedem
einzelnen hatten drei Personen Platz; mehrere (4—5) zu
placiren, war zwar nicht ungewöhnlich, doch minder fein.
Es lagen also auf jedem Triclinium neun Personen. Da

aber nur die obere Seite des Ruhebettes eine Lehne hatte, die Gäste sich jedoch im Liegen stützen mussten, so waren die Plätze durch Polster (tori) von einander gesondert. Als der Ehrenplatz galt der dritte von der Lehne ab auf dem mittleren Ruhebette, für den vornehmsten Gast bestimmt und daher consularis genannt. Diesem zur Linken waren die für die beiden im Range Nächstfolgenden. Auf dem lectus summus dagegen war der Ehrenplatz der Lehne zunächst, auf dem lectus imus lag neben dem Consularis der Wirth, und weiter abwärts sassen seine Frau und seine Kinder. Hier fanden auch die Umbrae ihren Platz (Hor. sat. II. 8, 22), d. h. nicht Eingeladene niedrigeren Ranges, etwa von Gästen mitgebracht, und Parasiten. — Waren nun mehr als 8 Gäste da, so musste ein zweites Triclinium aufgeschlagen werden. Für dieses, ja für eine ganze Reihe derselben reichte in den grossen Speisesälen (triclinium) der Vornehmen der obere Raum aus, indess die Bedienten und die zur Unterhaltung der Gäste bestimmten Personen den unteren einnahmen. — In der späteren Zeit, als die runden Tische üblich wurden, mussten auch die Speisesophas bogenförmig sein. Dieses System hiess das sigma (alte Form: C).

Unter den Geräthschaften bei Tische nennen 44. wir zuerst die Serviette (mappa, Hor. sat II, 8, 10 — 11; gausape), die sich jeder Gast selber mitbrachte. Sie war um so nothwendiger, da man nach orientalischer Sitte fast alle festeren Speisen nicht mit Messer und Gabel, sondern mit den blossen Fingern zum Munde führte, nachdem sie der Vorschneider in kleine Stücke zerschnitten. Desshalb gossen auch Sclaven zwischen den Gängen den Schmausenden Wasser auf die Hände, welche diese mit der Serviette wiederum trockneten. Daher war das Messer (culter) nur für den Vorschneider bestimmt. — Ebenso wenig kannte man — des Tafelaufsatzes (§ 12) wegen — Tischtücher; erst in der späteren Zeit wurden deren (mantelia) gebraucht. — Cochlear hiess eine Art von Löffel, mit denen man Schnecken und Eier ass, eine andere ligula. — Es würde vergeblich sein, nach den Formen der in Pompeji ausgegrabenen Tischgefässe die Namen derselben bestimmen zu wollen. Dem Stoffe nach bestanden die Schüsseln (patina, lanx) in der ältesten Zeit aus Thon von Cumae, später aus künstlerisch verziertem Silber.

45.   Die Bedienung bei Tische stand unter der Aufsicht des Trikliniarchen oder Architriklinius. Die Sclaven unter ihnen waren: Der Ordner (structor), der Vorschneider (scissor, carptor, der zuweilen sein Amt tanzend und nach dem Takte zu versehen verstand), der nomenclator, welcher die Gäste auf die selteneren und vorzüglicheren Gerichte aufmerksam zu machen hatte u. s. w. Das Präsentiren einzelner Schüsseln, wie bei uns, war durchaus ungewöhnlich und galt für wenig vornehm.

46.   Die Gäste sahen sich bei einem grossen Gastmahle nicht auf ihr Gespräch beschränkt. Für ihre Unterhaltung war durch Musik gesorgt, waren Vorleser (anagnostae), Schauspieler (histriones), Gladiatoren, Tänzer, Seiltänzer, Possenreisser u. s. w. bestellt. Vor allem aber liebte man bei Tische das Spiel. Alea ist die allgemeine Bezeichnung für das leidenschaftlich und hoch gespielte Würfelspiel. Man schied die Würfel ihrer Form nach in tesserae und tali; der beste Wurf hiess der Venuswurf (jactus Venereus), der schlechteste der Hund (canis). Andere bei Tische übliche Spiele hiessen: lusus latrunculorum, eine Art Schach; ein zweites Brettspiel ludus duodecim scriptorum, ähnlich dem Puff; par impar, ein Spiel des Rathens (Hor. sat. II. 3, 248); cottabos, ein nationalgriechisches Spiel, bei dem man in ein etwas entferntes Gefäss Wein giessen musste, ohne dass etwas verschüttet wurde.

2. Die Getränke.

47.   a. Gemischte. Sehr beliebt war zunächst das mulsum (§. 39), jene Mischung aus Most oder Wein mit Honig, die man zum Frühstück und bei der Einleitung in die Coena trank. In noch höherem Ansehen stand die in der kalten Jahreszeit häufig getrunkene calda (eigentlich calida), eine Art Grog, aus heissem Wasser und Wein,

vielleicht auch etwas Gewürz. Man hatte eigene Maschinen, um schnell Wasser zu diesem Zwecke heiss zu machen und heiss zu erhalten. Andere Getränke aus Gerste und Weizen waren: zythum, camum, cerevisia. An sie schliessen wir die Obstweine an, (z. B. cydoneum Quittenwein), den Meth (hydromelum) u. s. w. Letztere wurden meist nur von den unteren Ständen getrunken, noch mehr von den Landleuten Italiens und der Provinzen.

    b. Reine.

    α. inländische Weine. Denn das Hauptgetränk 48. jedes nicht allzu armen Römers war und blieb der Wein, seiner Farbe nach in hellen, rothgelben, blutfarbenen, schwarzen (album, fulvum, sanguineum, atrum und nigrum) geschieden. Unter den Italischen Landschaften war damals Campanien das Vaterland der edelsten Weinsorten. Ihrer Güte nach sind die letzteren etwa folgende: Vor allen der Caecuber (Hor. carm. I. 37, 5), dann der Falerner (Hor. carm. II. 11, 19; I. 20, 9—12), sowohl der süsse als auch der herbe, dann der Albaner, Surrentiner, Massiker (Hor. carm. I. 1, 19), Calener, Fundaner, Mamertiner, Setiner (der Lieblingswein des Augustus); geringere Sorten: der Vejenter, der Vatikanische, der Pelignische, der Spoletinische.

    β. ausländische (transmarina): Aus Chios, Thasos, 49. Lesbos, Sikyon, Klazomene, Cypern; aus Spanien der dunkle und trübe Laletaner; aus Gallien der Massilienser.

    γ. Behandlung der italischen Weine. Die ge- 50. sammelten und aufgehäuften Trauben pressten durch ihren Druck auf die unteren Schichten etwas Saft aus, der für die erste und vorzüglichste Sorte galt (protropum = Ausbruch). Dann wurden die Trauben mit den blossen Füssen durchgetreten (vinum calcatum, zweite Sorte), endlich die Trestern unter die Presse gebracht (vinum pressum, dritte Sorte). Das weitere Verfahren mit dem so gewonnenen Most lehrt Plinius (XIV. 21). Zuerst wurde der junge Wein auf grosse irdene, ausgepichte, in der cella vinaria ganz oder zur Hälfte in den Fussboden eingelassene Gefässe (dolia) gefüllt. Die Form derselben war die eines Kürbisses. Bei den Ausgrabung enhat man ein solches über 400 Quart fassendes dolium aufgefunden. In derartigen Gefässen, welche oben offen blieben, sollte der Wein ausgähren. War dieser Process vollendet, so wurde er auf kleinere, theils thönerne theils gläserne Gefässe (amphorae, lagenae) gefüllt, diese verkorkt und über den Korken Pech oder Gyps gegossen. Als Etiquette schrieb man direct auf die thönernen oder auf Zettel an den gläsernen die Sorte und den Namen des Consuls (Hor. carm. III. 21, 1), um den Jahrgang festzustellen; der vorzüglichste Jahrgang war lange Zeit der unter dem Consul Opimius 121 v. Chr. Darauf brachte man den Wein in die Apotheca, (Hor. sat. II. 5, 6), eine Kammer im obern Theil des Hauses über der Küche oder dem Bade, damit er schneller durch die Wärme reif und mild werde und einen dem Römer angenehmen, rauchigen Geruch annehme (Hor. carm. III. 21, 7). Endlich kam er in eine Kammer ohne Rauch und konnte nun getrunken werden. Dieses Verfahren, womit Hor. carm. III. 8, 9—12 zu vergleichen ist, liess dennoch in dem Weine viele Hefe zurück und machte ein Abklären desselben nöthig, meist durch Seihen. — Aus den amphorae oder lagenae wurde beim Gastmahle der Wein in den Krater gegossen und für alle Trinker gleich gemischt, meist halb Wein, halb Wasser, gegen Ende des Gelages ³/₄ Wein und ¹/₄ Wasser; denn reinen Wein (merum) zu trinken, galt für eine grosse Unmässigkeit oder geschah nur im trunkenen Muthe. Darauf füllte man ihn mit einem Schöpfgefässe in die Becher. — Ihn noch piquanter an Geschmack und Geruch zu machen, mischten ihn manche mit Aloe, Myrrhe, Gewürzen und wohlriechenden Oelen, manche auch wohl im Sommer mit Eis vom Apennin oder mit Eiswasser.

51. c. Sitten und Einrichtungen beim Trinkgelage. Das Trinkgelage (commissatio von κῶμος) war oft von dem eigentlichen Gastmahle getrennt und fing erst spät an, um früh — am folgenden Morgen — aufzuhören, oft war es freilich erst die Vollendung und Spitze des Gastmahls. Nachdem man auf dem triclinium Platz genommen, wählte man einen Praeses (magister oder rex convivii), der

den Grad der Mischung, die Zahl der jedesmal zu trinken-
den cyathi u. s. w. bestimmte. Die Becher waren bekränzt,
ebenso vom Nachtische ab die Häupter der Gäste mit frischen (erst ganz spät künstlichen) Kränzen geschmückt
(Hor. carm. I. 4, 9; I. 38, 4; II. 7, 24 u. s. w. Verg.
Aen. I. 724; III. 525 u. a. m.) Sie bestanden meist aus
den grünen Blättern des Epheu, der Myrthe, des Apium
und aus Rosen und Veilchen. Die Griechen glaubten nämlich, dass die frischen Blumen um das Haupt die Trunken-
heit verhinderten; doch dauerte es lange, ehe der römische
Ernst diese heitere griechische Sitte zuliess. Die Trink-
geschirre hiessen cyathus, ein kleiner Tummler, triens
= 4 cyathi, etwa ein Römer, patera flache Schaale, phiala
Becher mit Henkeln, calix (Kelch) ein Pokal. Es gab auch
Trinkgefässe in der Form von Hirsch-, Hunde-, Schweins-,
Pferdeköpfen, alle aus terra cotta gebrannt. Für die Zu-
bereitung und das Herumreichen der Weine sorgten die
ministri vini, pueri ad cyathos, pocillatores. Je tiefer in
die Nacht hinein, desto lauter erschallte der Lärm der
Fröhlichen, desto grösser wurden die Pokale, desto schär-
fer die Mischung, bis man beim merum anlangte.

3. Züge aus dem Gastmahle des Trimalchio.

Der Luxus nach verschiedenen Lebensrichtungen hin, **52.**
namentlich aber der bei den Gastmahlen, kam nach Liv.
XXXIX, 6 schon 188 v. Chr. aus Asien nach Rom. Hier
fand er einen wunderbar empfänglichen Boden. Vergebens
wirkten ihm die Censoren entgegen (Staatsalterth. § 51, β),
vergebens Sulla (der seine eigenen Gesetze nicht hielt),
Cäsar und Augustus. Die Sitte, mächtiger als alle Imperatoren, drängte immer mehr zum Materialismus hin, dem
ekelhaftesten und unsinnigsten, den es je gegeben, seit die
Theilnahme des Volkes an den allgemeinen Interessen vernichtet war. Das Bild dieser Seite des römischen Lebens
zu vollenden, setzen wir einige Züge aus dem Gastmahl
des Trimalchio beim Satiriker Petronius hierher:

Trimalchio ist ein reicher Emporkömmling, der **53.**
sich aus dem dürftigsten Sclavenstande durch unerhörte

Glücksfälle und manche Gewissenlosigkeit zu einem un-
ermesslichen Wohlstande aufgeschwungen hat, der aber
bei diesem Glückswechsel nichts von der Rohheit und Ge-
meinheit seines früheren Standes verloren, und nur einen
prahlerischen Geldstolz und die lächerliche Sucht, bei
aller Unwissenheit als gebildet zu erscheinen, dazu erworben hat. Eine sehr untergeordnete Rolle spielt seine
Frau Fortunata, gleichfalls aus dem Sclavenstande und
eine sorgsame Hauswirthinn. Nicht minder unbedeutend
sind auch die Gäste des Trimalchio, alle aus niedrigem
Stande, sämmtlich, wie es scheint, Freigelassene, ihrem
Wirthe an Rohheit gleich. . . . . . .

Einer derselben, Enkolpios, erzählt folgendes:

54. Wir waren in den Speisesaal gekommen und hatten
uns niedergelegt; Alexandrinische Sclaven gossen uns
Schneewasser auf die Hände; ihnen folgten andere, die zur
Bedienung der Füsse bestimmt waren und uns die Nägel
aufs sorgfältigste reinigten. Und dieses beschwerliche
Geschäft verrichteten sie nicht einmal schweigend, sondern
sie sangen auch noch dazu. Ich wollte versuchen, ob die
ganze Dienerschaft sänge, und forderte zu trinken. Ein
schnell dienstfertiger Sclave brachte ein Getränk und sang
dazu, und so jeder, von dem man irgend etwas forderte.
Jetzt wurde eine sehr reichliche Vorkost aufgetragen,
denn alle lagen schon an ihren Plätzen, ausser Trimalchio,
für den ungewöhnlicher Weise der erste Platz aufgehoben
wurde. Auf dem Speisebrete stand ein Esel von ko-
rinthischem Erz mit 2 Säcken, worin er auf der einen
Seite weisse, auf der anderen schwarze Oliven hatte. Den
Esel bedeckten zwei Schüsseln, auf deren Rändern Tri-
malchios Name und ihr Silbergewicht bemerkt war, und
auf welchen Haselmäuse, mit Honig und Mohn übergossen,
lagen. Ausserdem waren siedende Würste auf einem
silbernen Roste, und unter dem Roste syrische Pflaumen
mit Granatäpfelkernen. Bei diesen Leckereien waren wir,
als Trimalchio unter musikalischer Begleitung herein-
getragen wurde, und zwischen einer Menge ganz kleiner

Kopfkissen niedergelegt, uns wider unseren Willen ein
Lachen entlockte...... Zu gleicher Zeit wurde ein Speisebret mit einem Korbe hereingebracht, worin eine hölzerne
Henne mit ausgebreiteten Flügeln sass, wie die Hennen
pflegen, wenn sie brüten. Sogleich traten unter Musik
zwei Sclaven hinzu, fingen an, das Nest der Henne zu
durchsuchen, und brachten von Zeit zu Zeit Pfaueneier
hervor, die sie unter die Gäste vertheilten..... Auf ein
von der Musik gegebenes Zeichen wurden nun die Vor-
kost-Aufsätze von einem singenden Chor schnell weg-
geräumt. In diesem Getümmel fiel ein silberner Teller
auf die Erde, und ein Sclave hob ihn auf; aber kaum hatte
Trimalchio dies bemerkt, als er es ihm mit einer Ohrfeige
verwies, und den Teller wieder hinzuwerfen befahl. Bald
darauf trat ein Kammersclave ein und kehrte unter anderem Kehricht auch jenes Silbergeschirr mit dem Besen
aus..... Dann brachte man gläserne Flaschen, die sorgfältig vergypst waren, und an deren Hälsen Etiquetten
hingen mit der Inschrift: Opimianischer hundertjähriger(?!)
Falerner..... Zugleich erschien eine Tracht von Speisen,
deren Grösse unserer Erwartung gar nicht entsprach,
deren Neuheit jedoch unsere Augen auf sich zog. Auf
einem runden Speisebret waren nämlich die 12 Zeichen
des Thierkreises ringsum vertheilt, und über jegliches
hatte der Anrichter eine Speise von entsprechendem Stoffe
gesetzt: über den Widder Widdererbsen, über den Stier
ein Stück Rindfleisch, über die Zwillinge Nieren, über
den Krebs einen Kreis von Krebsen, über den Löwen eine
afrikanische Feige u. s. w. In der Mitte war ein Stück
ausgegrabener Rasen, worauf ein Honigwabe lag; ein
ägyptischer Sclave trug in einem silbernen Backofen Brodt
herum und quälte sich gleichfalls ab, mit einer grässlichen
Stimme dazu zu singen, und wir entschlossen uns auf die
Aufforderung des Trimalchio bei diesen einfachen Speisen
zuzulangen, als vier Sclaven nach der Musik tanzend her-
beieilten und den oberen Theil des Aufsatzes abhoben,
worauf wir darunter auf einem zweiten Speisebrete Geflügel, Saueuter und einen Hasen erblickten, der in der

Mitte mit Flügeln geschmückt war, so dass er wie ein Pe-
gasus aussah. Wir bemerkten auch auf den Ecken des
Speisebretes vier Marsyasse, aus deren Bäuchen ge-
pfefferte Caviarsauce sich über Fische ergoss, die in
einem künstlich angebrachten Teiche schwammen. Wir
erhoben alle ein lautes Beifallsgeschrei.... Ausserhalb des
Saales erhob sich ein gewaltiges Geschrei, und siehe da!
es kamen spartanische Hunde herein und fingen an, um
den Tisch herum zu laufen. Auf sie folgte ein Speisebret,
worauf ein Eber von der ersten Grösse lag; an seinen
Zähnen hingen zwei aus Palmzweigen geflochtene Körb-
chen, von denen das eine mit Datteln, das andere mit
thebanischen Nüssen gefüllt war. Kleine Ferkel aus
Kuchenteig, die rings herum lagen, als hingen sie an den
Zitzen, gaben zu erkennen, dass es eine Saumutter sei,
und zwar waren diese zum Einstecken und Mitnehmen bestimmt. Uebrigens kam zum Tranchiren des Schweines
nicht der vorige Vorschneider, der das Geflügel zerlegt
hatte, sondern ein grosser, bärtiger Kerl mit gewaltigen
Jägerbinden um die Füsse und einem groben Jagdrocke.
Mit einem Jagdmesser schnitt er die Seite des Schweines
auf, und aus dieser Wunde flogen Drosseln heraus. Vogel-
fänger mit Leimruthen, welche bei der Hand waren, fingen
sie sogleich, wie sie im Saale herumflogen.... Auf einmal
fing die Decke zu krachen an, und der ganze Speisesaal
erzitterte. Bestürzt sprang ich auf und fürchtete, es möchte
ein Zauberer durch die Decke herabkommen, und nicht
minder richteten die übrigen Gäste ihre Blicke erstaunt in
die Höhe, voll Erwartung, was da Neues vom Himmel
käme. Aber siehe da, das Getäfel thut sich aus einander,
und es senkt sich plötzlich ein ungeheurer Reifen von
einem grossen Weinfasse herab, an welchem rings herum
goldene Kränze und alabasterne Salbenfläschchen hingen.
Während man uns diese Dinge zum Mitnehmen einstecken
heisst, blicken wir auf den Tisch, und da stand schon
wieder ein Aufsatz mit Kuchen..... Nach einiger Zeit befahl Trimalchio den Nachtisch zu bringen. Die Sclaven
nahmen also alle Tische weg und brachten andere, auf

den Fussboden aber streuten sie Sägespäne, die mit Safran und Mennig gefärbt waren und, was ich noch nie gesehen hatte, Pulver vom Spiegelsteine..... Auf einmal traten zwei Sclaven herein, die sich mit einander zu zanken schienen und thönerne Krüge trugen. Während nun Trimalchio ihren Streit sich zu schlichten bemühte, schlugen sie einander gegenseitig mit grossen Knütteln an die Krüge. Bestürzt über die Unverschämtheit der Trunkenen sahen wir genauer hin und bemerkten, dass aus dem zerschlagenen Bauche der Krüge Austern und Kammuscheln herausstürzten, die ein anderer Sclave auffing und auf einer Schüssel herumtrug. Zugleich brachte der Koch zischende Schnecken auf einem silbernen Rost und sang dazu mit einer grässlichen, zitternden Stimme. Was jetzt kommt, schäme ich mich fast zu erzählen: unerhörter Weise brachten nämlich Knaben mit langen Haaren Salbe in einem silbernen Becken und salbten die Füsse der Daliegenden, nachdem sie vorher Schenkel, Füsse und Fersen mit Kränzen umwunden hatten. Dann wurde von derselben Salbe auch etwas in das Weingefäss und in die Lampe gegossen... (Nach Wellauer: Das Gastmahl des Trimalchio a. d. neuen Jahrb. für Philolog. und Pädag. von Jahn und Klotz, Suppl. Bd. X.)

B. Die praktische Seite des römischen Privatlebens.

Der Hauptschauplatz der Thätigkeit des jüngeren römischen Bürgers war vor C. Marius der Krieg; er hatte Ruhm und militairische Auszeichnungen in seinem Gefolge. Aus dem Kriegsleben trat der Emporstrebende in das politische Leben ein; hier stand ihm eine ganze Reihe der glänzendsten Ehrenstellen bis zum Consulat, der Censur, der Dictatur offen.

Gegen diese beiden glänzenden Seiten des Lebens war das Privatleben des Römers nur Nebensache, floss es fast unbemerkt und still dahin. Erst als Söldner die Schlachten Roms schlugen und als politische Stille in seinen Mauern eingekehrt war, steigerte sich der Werth und die Bedeutung des Privatlebens.

I. Die Freien.

a. Die auf den Erwerb gerichtete Seite.

56. α. **Weinbau, Ackerbau, Baumzucht, Viehzucht.**
Ursprünglich nahm die Viehzucht die erste Stelle ein, früh
jedoch wandte sich die Neigung des Römers dem Ackerbau
zu, und früh galt dieser für die ehrendste friedliche Beschäftigung des freien Bürgers (Cincinnatus Liv. III, 26).
Mit dem zunehmenden Reichthum beschränkte sich zweitens
der Besitzer auf die Aufsicht über die das Land bebauenden
Sclaven. Das dritte Stadium war endlich dies, dass der
Reiche einen Verwalter (villicus) über sein Gut setzte, der
mit einer Sclavenfamilie die Haus- und Feldwirthschaft
führte, indess der Herr nur zeitweise aus dem Gewühl der
Hauptstadt hervortauchte und in seinem prächtigen Herren-
hause Vergessen und Erholung suchte.

57.   Der **Boden** Italiens ist einst sehr fruchtbar gewesen.
Der alte Cato bestimmte ihn damals nach 6 Klassen: Die
erste nennt er die für Weinberge mit gutem Ertrage — der
Qualität und Quantität nach — geeignete, die zweite die
für gewässerte Gärten, die dritte die für Weidenpflanzungen,
die vierte die für Olivenwälder, die fünfte die für Wiesen,
die sechste die für Ackerfelder.

Auf den **Weinbergen** oder in den **Weinpflanzun-
gen** auf der Ebene pflanzte man, abweichend von dem Verfahren bei uns, Baumpflanzungen (arbusta) oder Rebengehölze, an deren einzelnen Stämmen sich die Reben
emporranken sollten. Die Baumarten, aus denen jene bestanden, waren vorzugsweise die Ulme, dann auch die
Schwarzpappel (Hor. epod. II, 9—10.), die Esche, der
Feigenbaum und der Oelbaum. Viel seltener band man
die Reben an Pfähle. Dichte Zäune, gern lebendige Hecken,
schützten solche Rebengehölze gegen Verwüstungen, namentlich gegen die gefürchtete Ziege.

58.   Zum **Ackerbau** bedienten sich die Römer des Pfluges
ohne Räder (aratrum), dessen Gestalt auf Münzen erkenn-
bar ist, der Egge (crates, crates dentata, occa), des Ex-
stirpators (irpex) und kleinerer Handgeräthe z. B. des

Spatens (pala, rutrum), der Hacke (ligo, sarculum, rastrum),
der Doppelhacke (ascia) u. s. w. Die Bestellung des Ackers
geschah mit der äussersten Sorgfalt; nicht selten wurde
derselbe gute Boden fünfmal gepflügt, ehe er die Saat auf-
nahm. Die am meisten gebauten Getreidearten waren:
Weizen (triticum, sehr feiner siligo), Spelt (ador), Gerste
(hordeum), Hafer (avena), Buchweizen (panicum), Hirse
(milium). — Hülsenfrüchte (legumina): Lupinen
(lupinus), grosse Bohnen (phaselus), gewöhnliche Bohnen
(faba), Erbsen (pisum), Kichererbsen (cicer), Linsen (lens).
— Futterkräuter: Luzerne (herba medica), Wicken
(vicia), Schneckenklee (cytisus), Mengkorn (farrago). —
Ausserdem baute man Rüben (rapum oder napus), Lein
(linum), Hanf (cannabis) u. a. m.

Das Getreide wurde nicht wie bei uns hart am Boden 59.
abgemäht, sondern dicht unter den Aehren. Das Werkzeug
hierzu hiess falx, Sichel und Sense zugleich. Das stehen
gebliebene Stroh (stramen, stramentum) schnitt man erst
später ab. Die in Körben gesammelten Aehren schüttete
man auf eine Tenne mitten auf dem Felde, welche aus
festgestampfter Erde oder aus Thon bereitet war; Tennen
mit Dächern, etwa unseren Scheundielen entsprechend,
waren selten und unter dem heiteren Himmel Italiens nicht
nothwendig. Dann liess man die Aehren entweder durch
Ochsen austreten oder drasch sie mit einer Art von Dresch-
maschine aus.

Die Baumzucht. Ein eigener Culturzweig waren die 60.
Weidenpflanzungen (salicta); die Weidenruthen wurden
zu Körben und anderem Flechtwerk, zum Anbinden des
Weins und der Obstbäume u. s. w. vielfach benutzt. — Das
Obst stand im Ganzen in höherem Werthe als bei uns und
wurde in grösserer Menge und in mehr Arten gewonnen.
Man hätte nicht bloss Obstgärten, sondern man umpflanzte
auch die Felder gern mit Obstbäumen. Unter diesen
werden besonders oft erwähnt: Der Olivenbaum (olea),
der Feigenbaum (ficus), der Granatapfelbaum (malus gra-
nata), der gewöhnliche Apfelbaum (malus), der Birnbaum
(pirus), der Kirschbaum (cerasus), der Kornelkirschbaum

(cornus), der Maulbeerbaum (morus), der Nussbaum (nux), der Wallnussbaum (juglans) u. s. w.

61. Was die Viehzucht anbetrifft, so war damals der italische Landmann reich an Pferden, Maulthieren, Eseln, Rindern, Ziegen, Schaafen, Schweinen und an Geflügel, theils dem gewöhnlichen Hausgeflügel, theils den seltensten und kostbarsten Arten.

62. β. Handel, Gewerbe, Handwerke. Die Handelsverträge mit Carthago (509, später zweimal erneuert, Polyb. III, 22. Livius VII, 27. IX, 43) erschwerten, ja vernichteten theilweise den an sich schon unbedeutenden römischen Handel der älteren Zeit. Derselbe hob sich nicht einmal nach dem Sturze von Carthago und Corinth in dem Maasse, wie man es hätte erwarten sollen. Selbst als Rom im festen Besitze der Weltherrschaft war, concentrirte sich nicht hier, sondern in Alexandrien der Handel; in zweiter Linie stehen Cyrene, Syrakus, Tarent, Massilia da. Dennoch hing Rom in hohem Grade von den Handelsconjunkturen ab, nicht bloss der Korneinfuhr wegen, sondern auch wegen der Sclaven und der unzähligen Artikel des Luxus aus allen Ländern, vor allen dem üppigen Orient. — Dass aber die Römer nie daran gedacht, eine Organisation des Verkehrs eintreten zu lassen, sondern dass sie vielmehr die unterworfenen Handelsvölker und Städte ziemlich frei gewähren liessen, ging aus ihrem nationalen Stolze hervor, der alles Kaufmännische für minder ehrenvoll hielt. Darum verboten sie den Senatoren wiederholt den Handel (Liv. XXIII, 63). Am meisten stand natürlich der Grosshandel in Ansehen, den in den Provinzen auch römische Ritter neben der Pacht der Zölle betrieben (negotiatores, publicani, cf. Cic. pro lege Man. VII). Der eigentliche Kaufmann, der auf eigenem Schiffe mit Lebensgefahr die Meere des Gewinnes halber durchfurchte' (Hor. sat. I, 1, 6. Epist. I, 45 u. s. w.) hiess mercator. Dagegen stand der Kleinhändler (caupo, propola), der Hausirer und Makler (institor) in grosser Missachtung; ihre Beschäftigung wurde zu den sordida negotia gerechnet.

63. Von dieser Art des Verkehrs sind die Wochenmärkte

(nundinae) zu trennen. Sie fanden alle neun Tage statt und standen unter der Aufsicht der Aedilen (hier: Marktpolizei). Die Orte, wo Städter und Landmann ihre Waaren und Producte mit einander austauschten, waren z. B. das forum boarium, suarium, piscarium, olitorium, pistorium (Ochsen-, Schweine-, Fisch-, Gemüse-, Brodtmarkt) u.s.w.

In eben so geringer Achtung wie die Kleinhändler 64. standen die Handwerker (Cic. de off. I, 42: Opifices omnes in sordida arte versantur). Die Handwerke wurden in der ältesten Zeit wohl ausschliesslich von den Sclaven, auch wohl von den Clienten der Patrizier betrieben, später ausserdem von einer Anzahl ärmerer Bürger. Indessen wandten sich vorzugsweise, wie dies in der Natur der Sache liegt, die Freigelassenen dieser Art der Arbeit zu. Seltsamer Weise werden folgende neun Innungen von Handwerkern aufgezählt: 1) Flötenbläser, 2) Goldschmiede, 3) Zimmerleute, 4) Färber, 5) Riemer, 6) Gerber, 7) Kupfer- und Eisenschmiede, 8) Töpfer; alle übrigen Handwerker sollte die neunte Innung umfassen, also: Schuhmacher, Schneider, Schlächter u. s. w.

Diesem Abschnitte fügen wir eine Uebersicht der 65. römischen Münzen, Maasse und Gewichte (nach Lübkers Reall.) hinzu.

A. Münzen.

1. Vor Augustus (der Denar = $\frac{1}{7}$ Uncia).

a. Kupfermünzen.						b. Silbermünzen.				
Sextula										
$1\frac{1}{2}$	Quadrans					Teruncius				
2	$1\frac{1}{3}$	Triens								
3	2	$1\frac{1}{2}$	Semissis			2	Sembella			
6	4	3	2	AS		4	2	Libella		
12	8	6	4	2	Dupondius					
24	16	12	8	4	2	SESTERTIVS.	16	8	4	SESTERTIVS
48	32	24	16	8	4	2	32	16	8	2	Quinarius
96	64	48	32	16	8	4	64	32	16	4	2	DENARIVS

2. Nach Augustus (der Denar = $^1/_8$ Uncia).

Sextula								
1$^1/_2$	Quadrans							
2	1$^1/_3$	Triens						
3	2	1$^1/_2$	Semissis					
6	4	3	2	AS				
12	8	6	4	2	Dupondius			
24	16	12	8	4	2	SESTERTIUS		
48	32	24	16	8	4	2	Quinarius	
96	64	48	32	16	8	4	2	Denarius.

Ein As war in der älteren Zeit ein ausgeprägtes Pfund Kupfer. Seit man Silbermünzen prägte, d. h. kurz vor dem ersten punischen Kriege, sank das As auf $^1/_6$, $^1/_{12}$, $^1/_{24}$ seines ursprünglichen Gehalts herab.

Der Denar = 5$^1/_{12}$ Groschen, der Sestertius, nach dem man rechnete, = 15$^1/_4$ Pfennig, also 1000 Sestertien = 50 Thlr. Gold, 100,000 = 5000 Thlr. Gold, 1 Million = 50,000 Thlr. Gold u. s. w. Goldmünzen wurden in sehr verschiedenem Werthe geprägt; der bekannte aureus zur Zeit der Kaiser galt etwa 5$^1/_2$ Thlr.

B. Maasse.

1. Kleinere Längenmaasse.

Digitus						
1$^1/_3$	UNCIA oder Pollex					
4	3	Palmus				
12	9	3	Palmus major			
16	12	4	1$^1/_3$	PES		
20	15	5	1$^2/_3$	1$^1/_4$	Palmipes	
24	18	6	2	1$^1/_2$	1$^1/_5$	CUBITVS.

Der römische Fuss war etwas kleiner als der unsrige; 100 römische sind = 94$^2/_3$' rheinländisch.

2. Grössere Längenmaasse.

PES						
1½	Cubitus					
2½	1½	Gradus oder Pes Sestertius				
5	3⅓	2	PASSVS			
10	6⅔	4	2	Decempeda oder Pertica		
120	80	48	24	12	Actus	
5000	3333⅓	2000	1000	500	41⅔	MILLE PASSVVM.

Eine römische Meile betrug ein wenig mehr, als ⅛ geogr. oder preuss. Meilen.

3. Flächenmaasse.

PES QVADRATVS								
100	Scrupulum oder Decempeda quadrata							
480	4⅘	ACTVS SIMPLEX						
2400	24	5	Uncia					
3600	36	7½	1½	Clima				
14,400	144	30	6	4	ACTVS QVADRATVS			
28,800	288	60	12	8	2	JVGERVM		
57,600	576	120	24	16	4	2	Heredium	
5,760,000	57,600	12,000	2400	1600	400	200	100	Centuria
23,040,000	230,400	48,000	9600	6400	1600	800	400	4	Saltus.

Ein jugerum war ein wenig kleiner als ein Magdeburger Morgen.

4. Kubikmaasse für flüssige Dinge.

Ligula								
4	CYATHVS							
6	1½	Acetabulum						
12	3	2	Quartarius					
24	6	4	2	Hemina oder Cotyla				
48	12	8	4	2	SEXTARIVS			
288	72	48	24	12	6	CONGIVS		
1152	288	192	96	48	24	4	Urna	
2304	576	384	192	96	48	8	2	AMPHORA QVADRANTAL
46,080	11,520	7680	3840	1920	960	160	40	20	Culeus.

Die Amphora = 22¼ Berliner Quart.

5. **Maasse für trockene Gegenstände.**

Ligula								
4	CYATHVS							
6	$1\frac{1}{2}$	Acetabulum						
12	3	2	Quartarius					
24	6	4	2	Hemina od. Cotyla				
48	12	8	4	2	Sextarius			
384	96	64	32	16	8	Semimodius		
768	192	128	64	32	16	2	MODIVS.	

$6\frac{1}{3}$ modius = 1 Berliner Scheffel.

C. Gewichte.

VNCIA												
$1\frac{1}{2}$	Sescuncia oder Sescunx											
2	$1\frac{1}{3}$	Sextans										
3	2	$1\frac{1}{2}$	Quadrans oder Teruncius									
4	$2\frac{1}{3}$	2	$1\frac{1}{3}$	Triens								
5	$3\frac{1}{3}$	$2\frac{1}{2}$	$1\frac{2}{3}$	$1\frac{1}{4}$	Quincunx							
6	4	3	2	$1\frac{1}{2}$	$1\frac{1}{5}$	SEMIS oder Semissis						
7	$4\frac{1}{3}$	$3\frac{1}{2}$	$2\frac{1}{3}$	$1\frac{3}{4}$	$1\frac{2}{5}$	$1\frac{1}{6}$	Septunx					
8	$5\frac{1}{3}$	4	$2\frac{2}{3}$	2	$1\frac{3}{5}$	$1\frac{1}{3}$	$1\frac{1}{7}$	Bes oder Bessis				
9	6	$4\frac{1}{2}$	3	$2\frac{1}{4}$	$1\frac{4}{5}$	$1\frac{1}{2}$	$1\frac{2}{7}$	$1\frac{1}{8}$	Dodrans			
10	$6\frac{1}{3}$	5	$3\frac{1}{3}$	$2\frac{1}{2}$	2	$1\frac{2}{3}$	$1\frac{3}{7}$	$1\frac{1}{4}$	$1\frac{1}{9}$	Dextans		
11	$7\frac{1}{3}$	$5\frac{1}{2}$	$3\frac{2}{3}$	$2\frac{3}{4}$	$2\frac{1}{5}$	$1\frac{5}{6}$	$1\frac{4}{7}$	$1\frac{3}{8}$	$1\frac{2}{9}$	$1\frac{1}{10}$	Deunx	
12	8	6	4	3	$2\frac{2}{5}$	2	$1\frac{5}{7}$	$1\frac{1}{2}$	$1\frac{1}{3}$	$1\frac{1}{5}$	$1\frac{1}{11}$	AS od. Libra.

Das römische Pfund (libra, pondo) = 22 Loth $1\frac{1}{2}$ Quentchen.

b. Vergnügungen.

66. α. Spiele. Von den Würfel- und Bretspielen ist § 46 gehandelt worden. Von den übrigen Spielen standen die gymnastischen im Vordergrunde. Während bei uns der

Vorwurf der Lächerlichkeit den älteren oder durch amt-
liche Stellung geehrten Herren unfehlbar treffen würde,
welcher an derartigen Vergnügungen Gefallen fände, rief
bei den Römern das Unterlassen einer solchen ange-
strengten, auch für den Krieg vorbereitenden Körperübung
den Vorwurf der Trägheit hervor (Suet. Aug. 83). An
erster Stelle sei hier das Ballspiel genannt, besonders
gern mit dem kleinen Spielballe (pila) und dem grossen
luftgefüllten Balle (follis) gespielt. Man hatte dazu in seinem eigenen Hause ein Sphaeristerium (§ 4) oder im Freien
schöne, sonnige Uebungsplätze. — Ferner arbeitete man
sich mit den halteres aus, zunächst Springstangen, um
den Sprung zu verstärken, dann auch Bleimassen, die
man, unseren „Handeln" ähnlich, schwang, um die Arme
zu kräftigen. — Aus den Uebungen der Tironen und Gladiatoren wurde das Scheingefecht gegen den Pfahl
in die gewöhnliche Gymnastik hineingenommen, d. h. man
focht im Stehen, Gehen, Laufen, Springen mit einem sehr
schweren hölzernen Schilde und schweren Holzwaffen (pi-
lum, gladius) gegen einen im Boden steckenden Pfahl. —
Natürlich wurde auch der Ringkampf geübt, das Werfen
mit dem Diskus, das Reiten u. s. w.

Die grossen öffentlichen Spiele bildeten einen 67.
Haupttheil des römischen Cultus. Da nun dieser von dem
Staatsleben untrennbar ist, so gehört die Darstellung der
Spiele nach antiken Anschauungen eigentlich in die Staats-
alterthümer. Wir sind jedoch in so hohem Grade gewöhnt,
alles, was Spiel ist, als Moment des Privatlebens aufzu-
fassen, dass eine Uebersicht jener hier gestattet sein möge.

Die wichtigsten der ludi publici waren: 1. Apollina- 68.
res (Liv. XXV, 12. XXVI, 23), l. Capitolini (Liv. V, 20),
l. Florales, ein Frühlingsfest, l. Magni (Liv. II, 36), l. Me-
galenses (Liv. XXIX, 14), l. Plebeji (Liv. XXIII, 10;
XXVII, 21; XXXI, 4), l. Romani (Cic. Verr. I, 10, 31),
l. Saeculares, die ziemlich regelmässig alle 100 Jahre ge-
feierten grossartigen Spiele, „wie sie keiner gesehen, noch
einer sehen würde." (Ankündigungsformel.)

Dem Inhalte und dem Orte der Aufführung nach waren

die öffentlichen Spiele in l. circenses, gladiatorii und scenici eingetheilt.

69.   1. Die Spiele des Circus, der Rennbahn für Ross und Wagen, umfassten: Cursus, certamen gymnicum, ludus Trojae (Verg. Aen. V, 545 — 603), venatio, pugna pedestris und equestris, naumachia. Der Haupttheil war und blieb das Wagenrennen, der doppelte Wettkampf der Rosse und der Männer. An ihm hatte das römische Volk seit uralter Zeit ein unbeschreibliches Wohlgefallen, bis sein Sinn durch die blutigen Scenen des Amphitheaters stumpfer geworden war. Es repräsentirten diese glanzvollen Wettrennen am besten die menschlich - heitere Seite des römischen Lebens.

70.   2. Die Spiele des Amphitheaters. Das Amphitheater war ein ovalrundes Gebäude, in dem die Gladiatorenspiele und meist auch die Thierkämpfe (s. 69) gegeben wurden. In der Mitte lag die Arena, rings herum erhoben sich die Sitze der Zuschauer, das Ganze war zum Schutze gegen Sonne oder Unwetter mit einem grossen Tuche überspannt. Unter den Ruinen der Amphitheater, welche heute noch existiren, sind die grössten das in Rom (il Colosseo), in Verona, Capua, Nimes. — Nach unserer heutigen Anschauungsweise waren die Gladiatorenkämpfe verabscheuungswürdige Schauspiele, herübergenommen aus dem düsteren Etrurien, wo sie als Leichenspiele an den Gräbern der Vornehmen gefeiert wurden. Diese Gladiatoren, früher Kriegsgefangene, später in Menge von einem Lanista gemiethet (familiae gladiatorum, besonders in Campanien) standen denen zu Gebote, welche dem Volke derartige Blutscenen veranstalten wollten; selbst vornehme Männer unterhielten deren, die gelegentlich auch Banditendienste verrichteten. Einzelnen derselben gelang es, mit der rudis (Hor. epist. I, 1, 2), dem Symbol der Freilassung, beschenkt zu werden, wenn sie sich durch Tapferkeit oder Geschicklichkeit die Zuneigung des Volks erworben hatten. Für den einzelnen Sieg wurde der Gladiator mit dem Palmzweige beschenkt, seit Augustus mit Geld. Der im Kampfe Unterliegende konnte durch Erhebung des Zeigefingers

die Gnade des Volks anflehen. Die Gewährung hiess missio und wurde durch Emporhalten der geballten Hand mit eingezogenem Daumen verliehen (pollicem premere Hor. epist. I, 18, 66), dagegen die Tödtung durch die emporgestreckte Hand ausgesprochen. Die Leichname schleppte man mit Haken aus der Arena fort, dem Fleckchen auf der Erde, der am reichlichsten mit Menschenblute getränkt worden. — In diesen Spielen kämpften während der Zeit der Republik nur Sklaven. Als der Geschmack daran allgemeiner geworden war und den an den edleren Spielen des Circus mehr und mehr verdrängte, fochten in dem Amphitheater, freilich meist gezwungen, Ritter, edle Frauen (Tac. Ann. XV, 32), zur Ergötzlichkeit Zwerge, endlich ein Kaiser selber, Commodus.

Ihrem Charakter nach gehören mehr dem Amphitheater als dem Circus die Venationes, die Thierkämpfe, an. Ihr Ursprung ist darin gefunden, dass siegreiche Feldherrn aus fremden Ländern seltene oder gewaltige Thiere mit nach Rom brachten. Diese gebrauchte man nicht wie bei uns die eines zoologischen Gartens zur harmlosen Betrachtung, sondern zu blutigen Kämpfen. So liess man Elephanten mit Rhinocerossen, Tiger mit Löwen u. s. w., andererseits aber auch Menschen (bestiarii) gegen die Bestien kämpfen. Solche Fechter dienten theils um Lohn, theils waren es zum Tode Verurtheilte, z. B. gefangene Christen. Grossartige Thierhetzen wurden vom Pompejus veranstaltet, der 500 Löwen auftreten liess, von Caesar, von Augustus, in dessen Thierhetzen nach seinem eigenen Bericht 3500 Bestien umkamen, von Caligula, der 400 Bären mit eben so vielen afrikanischen Thieren kämpfen liess u. s. w.

3. Die ludi scenici, veranstaltet entweder von den 71. curulischen Aedilen oder von dem städtischen Praetor, ohne dass der Staat zu den Kosten beitrug. Entrée wurde nicht gezahlt, doch hatte jeder eine Eintrittsmarke (tessera) mit der Nummer seines Platzes vorzuzeigen. Ein solches Täfelchen ist in Pompeji gefunden worden mit der Aufschrift: CAV. II. CVN. III. GRAD. VIII. CASINA PLAVTI. —

Lange Zeit waren die Theater einfache, schnell aufgeschla-
gene und wieder schnell abgebrochene Holzbühnen. Erst
Pompejus erbaute ein prächtiges massives Theater für
40,000 Zuschauer, Balbus eines für 31,000, Augustus das
theatrum Marcelli für 30,000, alle drei auf dem Marsfelde.
— Die Haupttheile des römischen Theaters waren der Zu-
schauerraum (cavea) und die Bühne (scena). Ersterer bildete „in weiter stets geschweiftem Bogen" einen grossen
Halbkreis. Ein Theil desselben, der Bühne zunächst, hiess
die Orchestra (bei den Griechen für den Chor bestimmt) und
enthielt die Sessel der Senatoren, der Vestalinnen und den erhöhten Ehrensitz des Praetors. Hinter ihnen befanden sich
die 14 Sitzreihen der Ritter und wiederum hinter diesen die
Sitze der übrigen Zuschauer, nach Geschlecht und Stand getrennt. Sie wurden oft mit Blumen bestreut, mit wohlriechenden Essenzen besprengt und gegen Sonne und Regen durch
prächtige, darüber ausgespannte Tücher geschützt. Die
Bühne bildete ein längliches Viereck und war von der Orchestra durch eine 5′ hohe Mauer getrennt. Drei Wände,
deren jede eine Thür hatte, umschlossen sie an den 3 Seiten. Eigenthümlich war, dass der Vorhang beim Beginn
des Spiels nicht aufgezogen, sondern herabgelasssn wurde,
nicht minder die Drehmaschine (περίακτος), um plötzlich
einen Gott auf der Bühne erscheinen zu lassen (daher: deus
ex machina). — Die Zuschauer waren Männer, Frauen,
Kinder, nur noch Sclaven. Die Darstellung begann oft
schon am frühen Morgen. Zahlreiche Stellen, z. B. Hor.
Epist. II, 1, 202; Ars poet. 154; Od. I, 20, 4; Epist. II,
1, 185, 178 legen von dem eifrigen Interesse dieses uner-
müdlichen Publikums für scenische Aufführungen Zeugniss
ab. Zeichen des Missfalls waren das Zischen (sibilus) und
Pfeifen, das Toben (fremitus), endlich das ejicere d. h. das
Verlangen, ein Schauspieler solle abtreten; ein solcher
konnte sogar wegen scenischer Fehler körperlich gezüchtigt
werden. Das Zeichen des Beifalls war dagegen der Ap-
plaus; der Schauspieler schloss selber mit der Aufforderung: plaudite! Ein besonderes Zeichen des Beifalls war
das da capo (revocare). Früher erhielt der Schauspieler,

der sich auszeichnete, Kränze zum Lohn, später vergoldete Metallkränze (corollaria).

β. Bäder. Zwar haben wir über die römischen Ther- 72. men aus dem Alterthume selbst wichtige Mittheilungen, z. B. bei Vitruv, Plinius d. J., Martial u. s. w.; doch tritt ihre Bedeutung gegen die Resultate der Ausgrabungen in der neueren Zeit zurück. Und hier sind es wiederum nicht die Thermen in der Hauptstadt selbst, die des Titus, des Caracalla, des Diokletian, grossartige und leidlich erhaltene Bauwerke, welche uns das deutlichste Bild eines römischen Bades verschaffen, sondern die kleinen, zierlichen Bäder der Provinzialstadt Pompeji, welche man 1824 ausgegraben. Das Bild wird durch die Ausgrabungen in Stabiae und in Badenweiler (1784) vervollständigt.

Die Grundbestandtheile eines römischen Bades waren: 73. 1. das Auskleidezimmer (apodyterium), 2. das kalte Bad (frigidarium), 3. das lauwarme Wasserbad (tepidarium), 4. das heisse Bad (caldarium). Wohl nicht jeder Badende machte jedesmal alle drei Stufen durch, sondern die meisten liessen sich an der einen oder andern Art genügen. Die Bäder in Pompeji sind nur für 25 Personen eingerichtet, doch innen künstlerisch ausgeschmückt. Sie umfassen ein Männerbad und ein Frauenbad, beide von einander ganz getrennt und die in der Mitte beider liegende Feuerstelle (hypocaustum), wo die Hitze für die warmen Wasserbäder und die Dampf- und Schwitzbäder erzeugt wurde.

Durch den Eingang in das Männerbad kam man in einen Hof, in dem die Sclaven, welche ihre Herren begleiteten zurückblieben, dann in das Auskleidezimmer (apodyterium). Südlich von diesem lag zweitens das frigidarium oder natatio oder piscina, das Zimmer für kalte Bäder, mit einem Bassin. Etwas näher der Feuerstelle befand sich drittens das tepidarium, erwärmt durch ein Kohlenbecken und durch heisse Röhren im Fussboden; hier bereitete man sich auf das heisse Bad vor oder kühlte sich nach demselben ab. Aus dem tepidarium führte eine Thür viertens in das caldarium (sudatorium — Laconicum), das eigentliche heisse Badezimmer. An der einen Seite desselben befand

sich ein Bassin (labrum) mit kaltem Wasser, das man sich
nach dem Schwitzbade über den Kopf giessen liess, an der
entgegengesetzten Seite, also dicht an der Feuerstelle, das
heisse Bad 12′ lang, 4′ 4″ breit, 1′ 11″ tief. In diesem
Marmorbassin konnten zu gleicher Zeit ungefähr 10 Personen in dem heissen Wasser sitzen.

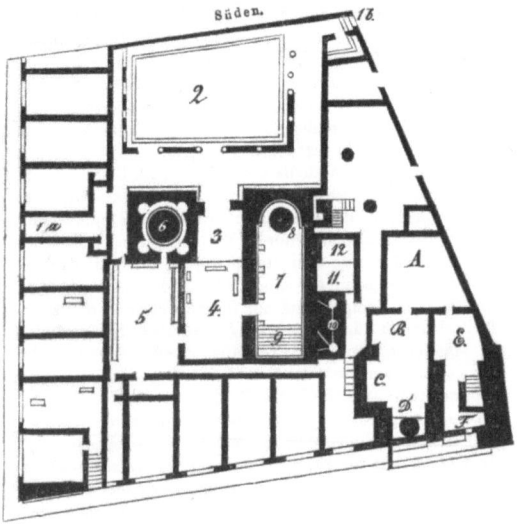

Haupttheil der Thermae Pompejanae.
1824. (Nach Ruperti.)

1. a) Eingang zum Männerbade. 2.
Versammlungsplatz. 3. Vestibulum. 4.
Tepidarium. 5. Apodyterium. 6. Frigidarium. 7. Sudatorium, Laconicum.
8. Labrum. 9. Caldarium. 10. Hypocaustum. 11. 12. Wasserbehälter.

1. b) Eingang zum Frauenbade. A.
Tepidarium. B. Caldarium. C. Heis-
ses Bad. D. Labrum. E. Apodyterium.
F. Vestibulum.

Jene Ausgrabung ist eine reiche Fundgrube für Alter- 74.
thümer geworden. Man hat nicht nur Ornamente und Inschriften gefunden, sondern auch über 1000 Lampen aus
terra cotta, ein Schwerdt mit lederner Scheide (?), eine
Büchse für Quadranten (== ¼ As, das gewöhnliche Bade-
geld), ein Fensterglas, freilich in Scherben, u. s. w.

Natürlich waren die Thermen in Rom selbst mit ihren 75.
Parks, Promenaden und Säulenhallen viel grossartiger.
Sie hatten ausser den eigentlichen Badezimmern Räume
für körperliche Uebungen und für geistige Genüsse, z. B.
Vorlesungen, Bibliotheken. Die Ruinen der Bäder des Ca-
racalla zwischen dem Aventinus und Coelius sind 1840′
lang und 1476′ breit und konnten 2300 zu gleicher Zeit
Badende aufnehmen!

II. Der Wirkungskreis der Frauen.

Bei den Griechen waren die Frauen zwar keine Skla- 76.
vinnen, doch aus der Gesellschaft der Männer ausgeschlos-
sen und auf einen abgesonderten Theil des Hauses beschränkt (Corn. Nep. praefatio). Dagegen hatten sie es bei
den Römern besser. Für die hohe Achtung, in der sie hier
standen, sprechen die ehrenden Namen **matrona**, **mater
familias**, **domina**, die Sitte, dass ihnen die Männer auf
der Strasse auswichen, das Gesetz, das Todesstrafe über
denjenigen verhängte, der eine Matrone durch unziemliche
Worte oder schamlose Handlungen beleidigte. Der Ursprung dieser hohen Achtung wird auf den Romulus zurück-
geführt (Plut. vit. Romuli). Die Frauen nahmen sitzend an
den Gastmahlen der Männer Theil, sie führten — wenigstens in der älteren Zeit, ehe ein Heer von Sklaven das
Haus erfüllte — die Aufsicht über den Haushalt, ein Amt,
das ihnen bei der Hochzeit durch die Ueberreichung der
Schlüssel zu den Vorrathskammern übertragen war. Direkt
unter ihnen standen die Sklavinnen. Ausser der Besorgung
der Wirthschaft, wie wir es nennen, beschäftigte sich die
Herrinn mit den Sklavinnen in dem Atrium des Hauses
vorzugsweise mit Wollarbeit, dem Spinnen und Weben von

Wolle zu Tuniken und Togen (Liv. I, 57); seltener war das Sticken (acu pingere). Der allgemeine Verfall der Sitte im letzten Jahrhunderte der Republik vernichtete auch die Heiligkeit der Ehe und die ehrende Thätigkeit der Matrone. Unbegrenzte Vergnügungssucht und Putzsucht traten vielfach bei den reichen Römerinnen an die Stelle der letzteren, und Ehelosigkeit und Scheidungen wurden überaus häufig; letztere waren 520 Jahre hindurch seit der Gründung der Stadt unerhört gewesen.

III. Die Beschäftigungen der Sclaven.

77.   Servi aut nascuntur aut fiunt. Die als Sclaven Gebornen hiessen gewöhnlich vernae und waren, da sie von Jugend auf ihren Dienst gelernt, sehr geschätzt. Die anderen kaufte man vom Sclavenhändler, der Kriegsgefangene aufgekauft. Ihnen wurde beim Verkaufe ein Kranz aufgesetzt (daher sub corona vendere). In der älteren Zeit, wo selbst der Reiche nur wenige hatte, verrichtete eben derselbe Sclave die mannigfachen Dienste unserer Dienstboten, später hatte man dagegen für die einzelnsten Geschäfte besondere Sclaven. Man nannte seine Sclavenschaar eine familia und theilte sie in die familia rustica und urbana ein. An der Spitze der familia rustica stand der Verwalter (villicus) und unter ihnen zunächst der Rechnungsführer (actor) und die Aufseher über bestimmte Zweige der Arbeit (operum magistri). Unter den Feldsclaven nennen wir die Ochsenknechte (bubulci), die Eselsknechte (asinarii), die Schäfer (opiliones), die Schweinehirten (subulci), die Winzer (vinitores) u. s. w. Weniger handfest war im Ganzen die manierlichere familia urbana. Unter denen, welche im Hause den Dienst zu versehen hatten, nennen wir als die Vornehmsten die Rechnungsführer, die Hausverwalter (procuratores), die Aufseher über die Vorrathskammern (cellarii); als gemeine Hausselaven, die man der besseren Uebersicht wegen in Dekurien getheilt hatte, die Ausfeger (scoparii), den Thürhüter (janitor, ostiarius), diejenigen, welche den Dienst in

den Wohn- und Schlafzimmern hatten (cubicularii), die,
welche den Herrn beim Ausgehen begleiteten (pedissequi,
asseclae), die Sänftenträger (lecticarii), die mediastini (?)
u. s. w. Diesem niedrigeren Bestandtheile der familia urbana gegenüber gab es in ihr Sclaven mit wissenschaftli-
cher und künstlerischer Bildung. Dahin gehören erstens
die Aerzte, männliche und weibliche, zweitens die gelehr-
ten Sclaven (servi literati), theils als Aufseher über die Kinder ausserhalb der Schule verwandt (paedagogi), theils als
Vorleser (anagnostae oder lectores), theils zum Abschreiben
und Einrichten der Bücherrollen (librarii), theils als Ge-
heimsecretaire (servi ab epistolis, ad manum, amanuenses).
Drittens gab es unter ihnen Künstler, z. B. Baumeister,
Bildhauer, Maler, Schauspieler und Mimen, Gladiatoren,
Seiltänzer u. s. w. Die Ersteren schmückten das Haus
ihres Herrn künstlerisch aus, meist mit Nachbildungen
griechischer Originale, die Letzteren erhöhten seinen Glanz
durch ihr Auftreten bei Festmahlen. — Das Schicksal der
Sclaven war fast ganz in die Hände des Herrn gelegt. Ein
milder Gebieter konnte ihre Lage nicht nur erträglich,
sondern sogar äusserlich beneidenswerth gestalten, er
konnte ihnen gestatten, sich ein eigenes Vermögen (pecu-
lium) zu verdienen und sich damit die Freiheit zu erkaufen,
ja er konnte sie direkt vor dem Praetor freilassen (Staatsalterth. § 36). Unter den Strafen, die über Sclaven ver-
hängt wurden, nennen wir die Versetzung aus der familia
urbana in die familia rustica, Schläge, die furca, ein Joch
in der Gestalt eines V oder Π, welches über den Nacken
gelegt wurde (davon furcifer), die Brandmarkung (F = fur
oder fugitivus), die beschwerliche Arbeit in der Stampf-
mühle (pistrinum), endlich die entsetzliche Kreuzigung
(crux). Für Uebelthäter auf dem Lande gab es unterir-
dische Gefängnisse (ergastula) gewöhnlich unter der Wohnung des Aufsehers, in welche man jene gebunden warf.
Im Ganzen war die Lage der Millionen von Sclaven in
Italien eine überaus traurige, ein dunkler Fleck auf dem
Leben des Alterthums. Die Verzweiflung führte zu blutigen Sclavenaufständen, vor allen zu dem des Spartakus.

IV. Besondere Züge aus dem römischen Leben.

a. Ehe, Erziehung, Unterricht.

78.　　Nur dem Freien stand eine wirkliche Ehe (justum matrimonium) zu, der Sclave dagegen lebte mit seiner Frau nur im Verhältnisse des contubernium.

Unter drei Formen konnte eine Ehe geschlossen werden. Die erste (confarreatio), eine priesterlich eingesegnete, vollzogen durch den Pontifex maximus und den Flamen Dialis, beschränkte sich in der späteren Zeit auf die Patrizierehe. Sie war mit grossen Kosten und Pomp und feierlichen Ceremonien aus der grauen Vorzeit verbunden. Unter diesen nennen wir die Sitte, dass die Braut über die Schwelle im Hause des Bräutigams hinweggehoben wurde, dass sie den Bräutigam mit den Worten begrüsste: „Ubi tu Caius, ego Caia," dass feierlich ein Speltkuchen (far, farreus panis, farreum libum) getheilt und von den Neuvermählten gegessen wurde; von diesem letzteren Herkommen hiess die Form dieser Eheschliessung confarreatio. Die zweite war die coemtio, ein Scheinkauf (per aes et libram patre vel tutoribus auctoribus), indem der Mann seine Frau gleichsam deren Vater oder Vormund abkaufte. — Die dritte Form, wie der Mann die Frau erwarb, war usu, wenn die Frau ein Jahr in dem Hause des Mannes gelebt, ohne ein trinoctium ausser dem Hause zugebracht zu haben.

79.　　Die Kinder waren vollständiges Eigenthum des Vaters, mit dem er beliebig verfahren konnte. So lange er lebte, hatte er daher unbeschränkte Gewalt selbst über erwachsene Söhne — bis zur Tödtung. Wollte er dieser bei den meisten andern Völkern unerhörten patria potestas entsagen, so musste er sich der Förmlichkeit eines dreimaligen Verkaufs unterziehen.

80.　　Am neunten Tage nach der Geburt fand für die Knaben, am achten für die Mädchen die lustratio statt, d. h. sie wurden feierlich aus der Wiege genommen, einer gegen Bezauberung wirkenden Reinigung unterworfen, durch das Haus und zu dem Hausaltar der Aeltern getragen und be-

nannt. Man schenkte an diesem Tage den Kindern allerlei
Spielzeug (crepundia), das um den Hals getragen wurde,
z. B. ein goldenes Schwertchen mit dem Namen des Vaters darauf, eine kleine
goldene Axt mit dem Namen der Mutter darauf, zwei verschlungene Händ-
chen, ein silbernes Schweinchen, einen goldenen Halbmond, ein goldenes
Ringlein u. s. w. (Plautus). Derartige Ueberbleibsel sind mehr-
fach aufgefunden worden.

Die erste Erziehung übernahm die Mutter. Auch der 81.
erste Unterricht wurde wahrscheinlich in dem älterlichen
Hause ertheilt. Aber früh schon entstanden Schulen. Von
Schülern, welche zu einer solchen wandern, giebt Horaz
Sat. I, 6, 72 ff. ein kleines Bild.

Die Lehrer (ludi magistri), welche meist in dürftigen 82.
Verhältnissen lebten, waren sehr streng. Sie unterrichteten
ursprünglich nur im Lesen, Schreiben, Rechnen und liessen
die zwölf Tafeln memoriren.

Nach der Eroberung Grossgriechenlands kamen die 83.
griechischen paedagogi in die reicheren Häuser in Rom.
Sie begleiteten die Kinder in die Schule und beaufsichtigten
sie zu Hause. Gleichzeitig erweiterte sich der Lections-
plan in der Schule durch die Aufnahme des Griechischen.
Hier war es vor allen Homer (Horat. epist. II, 2, 42), an
dem sich von nun an die römische Jugend bildete.

Mit dem tirocinium fori hörte der Schulbesuch auf. 84.
Doch die höher Strebenden schlossen ihre Bildung noch
lange nicht damit ab, sondern setzten ihre Studien in ähnlicher Richtung fort, am liebsten unter der Leitung nam-
hafter Rhetoren und Philosophen. Als auch Griechenland
unterjocht war, wurde es allgemein Sitte, dorthin, besonders auf die Universität Athen, die Jünglinge zur Vollendung ihrer Vorbildung für das Staatsleben oder überhaupt
zur Förderung ihrer humanen Bildung zu senden (Hor.
epist. II, 2, 43). Dort finden wir Cicero, Bibulus, Mes-
sala, Horaz, Ovid u. s. w., eine ganze Reihe historisch be-
rühmt gewordener Männer, mit griechischen Studien be-
schäftigt.

b. Reisen, Fuhrwerke, Herbergen, Wirthshäuser.

85.   Das Reisen selbst war im Alterthume mit Umständen
und Unbequemlichkeiten verknüpft, von denen wir kaum
noch in den obscursten Winkeln unseres Vaterlandes eine
leise Ahnung haben, und daher weit seltener und nicht
leicht Vergnügenssache.   Zwar gingen unvergleichliche
Landstrassen von Rom aus, bequemer als unsere Chaus-
séen, doch waren es nur wenige.   Man musste daher im
weiten römischen Reiche meist mit gewöhnlichen Land-
wegen vorlieb nehmen.

86.   Viele bedienten sich zur Reise der mit Verdeck und
Vorhängen versehenen Sänfte (lectica), derselben, die
man in der Stadt selbst gebrauchte. Sie kam aus dem Lande
der Ueppigkeit, aus Asien, nach Rom. Im Allgemeinen war
sie den Damen und den bequemeren unter den Männern
angenehmer als die Fuhrwerke.   Letztere hatte man
entweder zweirädrig: cisium, ein leichtes unbedecktes, von
zwei Pferden oder Maulthieren gezogenes Cabriolet; esse-
dum, jenem ähnlich, wenn auch ursprünglich ein belgischer
oder britanischer Streitwagen; carpentum, schon Liv. I,.
34. 38. V, 25 erwähnt, in der späteren Zeit ein bedeckter
Staatswagen; oder sie waren vierrädrig: rheda oder reda,
der eigentliche Reisewagen, wenn man mit Familie und
Gepäck reiste; carruca, etwas kürzer und eleganter; petor-
ritum, gewöhnlich ein Wagen für die Dienerschaft u. s. w.
    Die Zugthiere, Pferde oder Maulthiere, zogen nicht wie
bei uns an Strängen, sondern an einem Joche, das auf
ihren Nacken lag. Ein einzelnes Thier ging in einer Gabel. Waren drei oder vier angespannt, so zogen die äusseren, wie bei uns, an Stricken und hiessen daher funales.
    Man fuhr nicht bloss in eigenen Wagen, sondern auch
sehr häufig in Miethswagen. Ueberall in Italien, den jetzi-
gen Vetturini ähnlich, scheinen die Miethsfuhrleute Sta-
tionen eingenommen zu haben.

87.   Die Gastfreundschaft in ihrer ungemeinen Ausdehnung
während des Alterthums erleichterte die Beschwerden der
Reise.   Daher kamen keine glänzenden Hôtels an den

Strassen oder in den Städten auf, wo der Römer den Comfort seiner Häuslichkeit hätte wiederfinden können. Dennoch reichte die Gastfreundschaft begreiflicher Weise nicht aus; es trat selbst für den vornehmsten Reisenden das Bedürfniss einer Herberge im Falle eines Unwetters oder Unfalls ein. Für minder Bemittelte aber waren solche cauponae (cauponulae), oder tabernae diversoriae die gewöhnlichen Ruhepunkte auf der Reise (Hor. sat. I, 5, 2 ff. ibid. 77. epist. I, 17, 8. Cic. Phil. II, 31). Vorzüglich mochten die Villenbesitzer neben den Landstrassen solche Tabernen unterhalten, um die Früchte ihres Grundstücks, besonders den dort geschenkten Wein, besser zu verwerthen. Wir kennen auch den Namen einer Herberge an der Via Appia nahe den pontinischen Sümpfen: Tres Tabernae.

In Rom waren es die Bäder (§ 72), wo der bessere Theil [88]. der Bevölkerung zusammenkam und Genüsse fand, wie sie weder unsere Hôtels und Restaurationen, noch unsere Ressourcen, Casinos, Concordien u. s. w. zu bieten im Stande sind. Daher gab es auch in der Hauptstadt eigentliche Gasthöfe nicht, zumal da der Fremde nirgends leichter als gerade hier einen Gastfreund fand. Dagegen existirten Herbergen für Fremde niederen Standes in Menge. Von diesen sind die eigentlichen Kneipen verschieden, gleichfalls tabernae und cauponae genannt, d. h. Orte, wo Speisen und Getränke verkauft und verzehrt wurden, zu trennen von den popinae und den ganeae (auch ganea) Garküchen.

Wie verachtet übrigens der Stand der Gastwirthe in Rom war, darüber braucht man nur Hor. sat. I, 1, 29 und I, 5, 4 zu vergleichen.

c. Leichenbegängnisse, Grabmäler.

Der Glaube, dass der Schatten des Unbeerdigten un- [89]. stät an den Ufern des Styx umherirre, liess es als ein sehr trauriges Schicksal erscheinen, unbeerdigt zu bleiben. In demselben Glauben warf man, wenn man am Wege einen Todten traf und augenblicklich für ihn nichts weiter thun konnte, drei Hände voll Erde auf ihn (Hor. Od. I, 28, 22 ff.).

Vielleicht war es nicht ungewöhnlich, dass eine dem [90].

Sterbenden theure Person durch einen Kuss gleichsam die entfliehende Seele auffangen wollte (Verg. Aen. IV, 684. Cic. Verr. V, 45). Und dem Geschiedenen drückte dann vielleicht dieselbe Person die Augen zu. Hierauf wurde der Todte laut von den Anwesenden mit Namen gerufen (conclamatio) und laute Klage erhoben. Nachdem ferner der Leichnam vom Bette genommen und mit heissem Wasser gewaschen war, geschah die Bestellung des Begräbnisses beim Libitinarius.

91. Die Libitinarii hatten in dem Tempel der Leichengöttin (Libitina) alles zu einer Bestattung Erforderliche vorräthig und ertheilten sofort den Dienern ihre Befehle. Diese legten dem Todten das seinem Stande gebührende Kleid an (Liv. XXXIV, 7), bekränzten ihn, wenn er sich im Leben einen Ehrenkranz erworben hatte, legten ihn auf das mit Laub und Blumen geschmückte Paradebett (lectus funebris) und in seinen Mund wahrscheinlich eine kleine Geldmünze als Fährgeld für den Charon. Neben ihm stand eine dampfende Rauchpfanne, vor dem Hause aber als Zeichen, dass es ein Trauerhaus sei, eine Kiefer oder Cypresse. In dem Hause hatte man das Feuer auf dem Heerde erlöschen lassen und zündete es wahrscheinlich bis zur Bestattung nicht wieder an.

92. Nachdem der Leichnam 7 (?) Tage ausgestellt war, lud der Herold zu dem Leichenbegängnisse ein. Eine derartige feierliche pompa (funus, elatio, exsequiae) fand bei hellem Tage statt. Ein designator ordnete mit beigegebenen Liktoren den Zug. Voran gingen als Trauermusik 10 Tibicines, zuweilen auch wohl schmetternde Tubenbläser, ihnen folgten die Klageweiber (praeficae; Hor. d. a. p. 431), Klagelieder singend. Nach ihnen kamen die Mimen, geführt von dem Archimimus, der die Persönlichkeit des Gestorbenen darstellte, indess jene nicht bloss ernste Betrachtungen anstellten und passende Dichterstellen citirten, sondern auch seltsamerweise dazwischen Possen trieben. Dann folgten die imagines majorum (§ 9 d). Hatte sich der Verstorbene Kriegsruhm erworben, so wurden ihm Tafeln mit dem Verzeichnisse seiner Thaten,

Abbildungen eroberter Städte, erbeutete Rüstungen, Ehren-
kränze u. s. w. vorangetragen. Es kam jetzt die Leiche
selbst, auf einer prächtigen lectica oder einem lectus funebris ruhend, meist von den nächsten Verwandten oder von
Freigelassenen getragen, bei besonders verdienten Männern auch wohl von Rittern, Senatoren, Magistraten. In
Trauerkleidern schlossen sich der Leiche die Verwandten,
Erben, Freigelassenen an, letztere den Hut, das Zeichen
ihrer Freiheit, auf dem Kopfe. Der Zug ging zuerst nach
der Rednerbühne auf dem Forum. Hier machte man
Halt und setzte die Trauersänfte nieder, indess die Träger
der imagines auf curulischen Sesseln Platz nahmen. Gewöhnlich war es einer der Verwandten, der die Bühne
bestieg und die Leichenrede (laudatio funebris) hielt, die
es natürlich nicht immer mit der historischen Wahrheit
genau nehmen konnte. Nachdem er den Verstorbenen ge-
priesen, ging er in gleicher Weise die Verdienste seiner
Vorfahren durch, deren Bilder ihn umgaben. Dann wurde
der lectus wieder aufgehoben, und der Zug setzte sich nach
dem Platze der Beerdigung oder Verbrennung weiter in
Bewegung. Denn auch die Beerdigung, wie sie christliche
Sitte ist, kommt, seltener freilich in der späteren Zeit der
Republik, neben der prächtigeren Verbrennung und der
Bestattung der Asche vor. Jene war die alte Form und
wurde von manchen Familien z. B. den Corneliern beibe-
halten. Der Platz aber, wo man ruhen wollte, war selbst-
gewählt, am liebsten an den grossen Landstrassen (Staatsalterth. § 2), seit es verboten war, sich im eigenen Hause
oder in der Stadt überhaupt begraben zu lassen.
 („hominem mortuum in Urbe ne sepelito neve urito" XII Tafeln.) Nur
für Sklaven und für Verurtheilte gab es einen gemeinsamen
Begräbnissplatz, den mons Esquilinus (Hor. sat. I, 8, 10).
— Hatte der Zug sein Ziel, den von Trauerbäumen um-
gebenen Scheiterhaufen (rogus, pyra; bustum erst,
wenn er niedergebrannt war) erreicht, so wurde der Leichnam darauf gelegt, ihm die Augen wiederum geöffnet, wohl-
riechende Stoffe über ihn ausgeschüttet und Kränze und
Haarlocken hinaufgeworfen. Nachdem der Todte dann zu-

letzt noch einen Kuss erhalten und die letzte laute Klage angestimmt war, zündete einer der nächsten Verwandten mit abgewandtem Gesicht die leicht brennenden Stoffe (Binsen?) an, die den Scheiterhaufen in Flammen setzten. In der längeren Pause, wärend derselbe niederbrannte, fanden bisweilen nach etruskischer Sitte Gladiatorenkämpfe statt. War er dann gänzlich zusammengesunken, so löschte man die glühende Asche, rief die Manen an, wusch die Hände und sammelte die Gebeine in die Trauertogen. Sie wurden darauf mit Wein und Milch besprengt, mit linnenen Tüchern getrocknet, mit wohlriechenden Stoffen gemischt, in die mit Kränzen und Bändern geschmückte Urne gesammelt und sammt den Gefässen, die bei der Bestattung gedient hatten, beigesetzt. — Sodann rief man dem Todten ein letztes Lebewohl mit den bekannten Formeln zu: have anima candida, terra tibi levis sit, molliter cubent ossa u. a. m. Nachdem endlich eine Reinigung (lustratio) der Versammlung durch Besprengung mit geweihtem Wasser stattgefunden, schloss das Entlassungswort: Ilicet (= ire licet) die Trauerfeierlichkeiten.

93. Die Gräber, welche also entweder den Leichnam oder die Asche aufnahmen, waren entweder ganz unterirdisch oder theils unter theils über der Erde. Die unterirdischen trugen besondere Monumente mit Inschriften, die zweite Klasse war so construirt, dass der hervorragende Theil zugleich Monument war und die Inschriften trug. Im Innern, dem cinerarium oder ossuarium, standen die Urnen in Nischen. Durch Grösse und Schönheit zeichneten sich die Mausoleen der Imperatoren aus, namentlich das riesige Grab des Augustus auf dem Marsfelde. Eines der interessantesten aus älterer Zeit, das Familiengrab der Scipionen, wurde 400 Schritte links von der via Appia 1780 entdeckt. Nicht nur sind seine Reste von bedeutendem künstlerischen und historischen Werthe, sondern auch zeugt die Einfachheit, die Innigkeit und der Stolz der Inschriften von einer grossen Zeit. Wir führen hier ausser der zu dem Sarkophag des Scipio Barbatus hinzugefügten folgende zwei an:

1) die Grabschrift des Sohnes des Scipio Asiaticus:
PATER REGEM ANTIOCO SUBEGIT.

2) die des Sohnes des Scipio Africanus Major:
QUEI APICEM INSIGNE DIALIS FLAMINIS GESSISTEI | MORS PER-
FECIT UT TUA ESSENT OMNIA | BREVIA HONOS FAMA VIRTUSQUE
GLORIA ATQUE INGENIUM. QUIBUS SEI | IN LONGA LICUISSET TIBE
UTIER VITA | FACILE SUPERASES GLORIAM | MAIORUM. QUARE
LUBENS TE IN GREMIU. SCIPIO RECIPIT TERRA PUBLI | PROGNATUM
PUBLIO CORNELI.

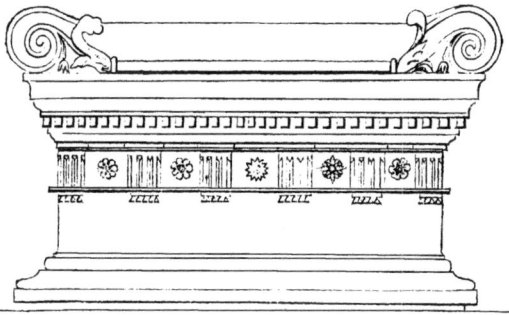

3. Die Grabschrift des Scipio Barbatus auf dessen Sarkophag: CORNELIUS LUCIUS SCIPIO BARBATUS GNAIVO D PATRE
PROGNATUS FORTIS VIR SAPIENSQUE | QOIUS FORMA VIRTUTEI
PARISUMA FUIT | CONSOL CENSOR AEDILISQUEI FUIT APUD VOS |
TAURASIA CISAUNA SAMNIO CEPIT | SUBIGIT OMNE LOUCANA
OPSIDESQUE ABDOUCIT.

C. Das geistige Leben der Römer.

I. Die Pflege der Wissenschaften in Rom

und die erhaltenen Denkmäler der römischen Literatur 94.
sind in der römischen Literaturgeschichte (Heft 1) behandelt worden. Es bleibt die Erörterung der äusseren Mittel
übrig, durch welche jene Studien möglich und gefördert
wurden.

95.   **a.** Die erste **Privatbibliothek** in Rom war die des Aemilius Paullus 168 v. Chr., die erste öffentliche die des Asinius Pollio unter Augustus. Zwischen diesen beiden Zeitpunkten wurden die Privatbibliotheken Modesache. Man freute sich, eine stattliche Bibliothek zusammen zu bringen, selbst wenn man nicht einmal die Titel seiner eigenen Bücherrollen kannte. Die in Herkulanum aufgefundene enthielt 1700 solcher Rollen. Ueber die Einrichtung einer Bibliothek vgl. § 11 o.

96.   **b. Bücher.** Der Stoff, auf den man schrieb, war meist der feine Bast (liber) des ägyptischen **Papyrus** (papyrus, charta Aegyptiaca, Niliaca). Man bereitete dieses Papier aus der bekannten zwiebelartigen Pflanze, welche auf der Niederung wuchs, die der Nil überschwemmte. Ihre Häute wurden in sehr dünne, etwa 6 Finger breite Streifen (pagina, philura, scheda) gespalten und die Ränder derselben mit Nilwasser auf einander geklebt und gepresst. Viel weiter als die Aegypter brachten es die Römer in der Papyrusfabrikation; man verfertigte zur Zeit des Augustus in Rom 8 Sorten, von denen die niedrigste nur als Packpapier gebraucht wurde, die feinste das hieratische Papier der Aegypter weit übertraf. Neben dem Papier bediente man sich auch des theureren **Pergaments** (membrana), meist jedoch nur für Dokumente und dasjenige Schriftliche, dem man eine längere Dauer sichern wollte.

97.   Die **Tinte** (atramentum librarium) war eine Art (chinesischer) Tusche, aus Russ bereitet. Sie hatte weit mehr Körper als unsere Tinte. Daher erscheint sie auf den ausgegrabenen Handschriften, wenn man diese gegen das Licht hält, als etwas erhaben. — Zuweilen schrieb man auch mit dem Saft des Tintenfisches (**sepia**).

98.   Statt unserer Feder hatte man ein spitz zugeschnittenes und vorn gespaltenes **Rohr (calamus)**. Die besten Arten desselben kamen aus Aegypten, Cnidos und dem Anaitischen See.

99.   Häufig war die Schrift in **Columnen** getheilt und zwischen diesen, vermuthlich mit rother Farbe (minium) Linien gezogen. Der **Titel** des Buchs stand sowohl zu

Anfange als auch am Ende. Man beschrieb gewöhnlich nur die eine Seite und färbte die Rückseite entweder mit Safran oder mit Cedernholz, letzteres, um zugleich das Buch gegen Würmer und Motten zu schützen.

Die Form der Bücher war die von Rollen, d. h. die 100. am Ende zusammengeleimten paginae wurden an einer Röhre von Holz oder Knochen oder Elfenbein befestigt, um welche sie gerollt werden sollten. Die drei anderen Seiten (frontes) erhielten, mit Bimsstein sorgfältig geglättet, einen schwarzen Schnitt. Jene Röhre trat, wenn das Buch zusammengerollt war, auf keiner Seite aus der Rolle hervor, sondern ihre Enden bildeten — wenigstens bei den in Herkulanum entdeckten Handschriften — eine einzige Ebene mit der Basis des Cylinders. Aber durch die Röhre wurde seiner Länge nach ein Stäbchen gesteckt, das an beiden Enden weiter hervortrat, geschmückt mit starken elfenbeinernen oder goldenen oder gemalten Knöpfen (cornua, umbilici). Letztere befanden sich also in der Mitte der geminae frontes.

Um eine solche Rolle gegen Staub und andere Be- 101. schädigungen zu schützen, steckte man sie in eine Pergamenthülle (membrana, nicht capsa), welche aussen purpurroth oder schöngelb gefärbt war. — Der äussere Titel (titulus, index), auf einen schmalen Streifen von Papyrus oder Pergament geschrieben, hing, wie einige vermuthen, als Zettel an der Rolle, wie andere, befand er sich oben auf derselben. — Zweierlei sei noch erwähnt, erstens, dass es mit der Zeit üblich wurde, das Bildniss des Schriftstellers auf das erste Blatt malen zu lassen. Zweitens: War ein Buch ohne Werth, so wischte man nicht selten die ganze Schrift wieder weg und beschrieb das Papier noch einmal; eine solche Rolle hiess ein Palimpsest (πάλιν und ψάω = rado).

c. Die Buchhändler. Schon bei Cic. Phil. II, 9 102. kommt eine Buchhandlung vor. Später nennt Horaz (Epist. I, 20, 2; a. p. 345) als seine Verleger die Sosii. Diese Buchhändler (librarii, bibliopolae) schrieben theils, ähnlich den Griechen und den Mönchen im Mittelalter, in

je einer Abschrift ein Buch ab oder liessen es so abschreiben, theils engagirten sie dazu in einem Zimmer eine möglichst grosse Anzahl von Sklaven, von denen der eine dik-
tirte und die anderen so emsig schrieben, als sie nur irgend
konnten. Einerseits wurde hierdurch eine unglaublich
schnelle Vervielfältigung und ein wohlfeilerer Ladenpreis
ermöglicht; z. B. kostete das erste Buch der Epigramme
des Martial beinahe 1 Thaler, das dreizehnte desselben
Buchs etwa 5 Silbergroschen. Andererseits litt unter jener
flüchtigen Arbeit die Correktheit der Texte, insbesondere
durch Hörfehler. — Die meisten Buchhandlungen (tabernae) befanden sich in der Strasse Argiletum, in dem Vicus
Sandaliarius, einige auch wohl am Forum. Statt hinter
Schaufenstern, wie bei uns, hingen an der Thüre Exemplare
aus, oder, wenn eine Säulenhalle in der Nähe war, an den
Säulen (Horat. art. poet. 372. Sat. I, 4, 71). — Schon
früh erhielt der Schriftsteller von seinem Verleger Hono-
rar. So verkauften bereits Plautus, Terenz u. a. m. ihre
Comödien an die Aedilen. Ciceros Freund, Pomponius
Atticus, nahm, im Grossen spekulirend, vielfach Verlags-
werke an (z. B. von Cicero den Orator) und gab persönlich
seinen Sklaven Anleitung zu guten Abschriften. Dem
älteren Plinius wurden für ein Werk etwa 20,000 Thaler
geboten u. s. w.

103.   d. Der Brief. Seltener schrieb man sich auf Papyrus,
gewöhnlich auf Täfelchen (tabellae, pugillares, codicilli).
Sie waren mit einer Wachsmasse überzogen, welches selbst
unter der brennenden Sommerhitze nicht zu weich wurde.
In dieses Wachs riss man mit einem Griffel (stilus, gra-
phium) die Buchstaben hinein (exarare literas). Derselbe
war auf der einen Seite spitz, auf der anderen breit und
stumpf, um das Geschriebene wieder auszugleichen (Cic.
pro Arch. 5. Hor. a. p. 293 „litura") und das Wachs zu
neuem Schreiben wieder glätten zu können. Jene Täfelchen hatten natürlich eine sehr verschiedene Grösse und
wahrscheinlich erhabene Ränder, da die Schrift sonst beim
Zusammenlegen zerdrückt worden wäre. War der Brief
beendet, so wurden die tabellae mit einem feinem Bind-

faden zusammengebunden und, wo der Faden geknüpft war,
ein Wachssiegel angebracht (Cic. Cat. III, 5). Man ver-
letzte beim Durchschneiden des Fadens dieses Siegel nicht,
um einen Beweis dafür in den Händen zu behalten, dass
der Brief nicht erbrochen sei. Die Versendung geschah,
da es keine Posten gab, „per Express", wie wir sagen
würden, durch die tabellarii, die Briefboten des Privat-
mannes (Cic. Phil. II, 31. Verr. III, 79).

II. Die Künste in Rom.

Die ältere bildende Kunst der Römer schloss sich eng an die alt-etrus- 104.
kische an. Die Tempelbauten dieses düsteren Volks hatten mit den Bauten
aus Holz bei den nordischen Gebirgsvölkern die grösste Aehnlichkeit. Grab-
mäler und polygonische Mauern, den cyklopischen in Griechenland gleich,
und Reste alt-etruskischer Plastik, namentlich Vasen aus schwarzer Erde, die
man oft in den Gräbern findet, erinnern an diese Cultur. Die Reliefs an den
Seitenflächen von Grabsteinen enthalten Scenen aus dem Leben, z. B. Leichen-
feierlichkeiten, Festzüge, Tänze, auch wohl Thierfiguren, besonders Löwen
und Sphinxe, letztere den assyrischen ähnlich. Das Phantastische und Barocke
in den Bauwerken wie in den Figuren zeigt, dass beide Künste bei den Etrus-
kern zu keiner klaren Durchbildung gekommen sind.

Allgemeine Charakteristik der römischen 105.
Kunst. Etruskische Künstler sollen die ersten grösseren
Bauwerke des alten Rom gebaut haben, z. B. den Circus,
der Tempel des Capitols, zahlreiche andere Tempel, die
Silberhallen an den Seiten des Forums u. s. w. Diese Einwirkung hörte erst da auf, als die Sicilischen Kunstschätze
nach Rom kamen. Da begann sich hier der Sinn für das
Schöne auf allen Gebieten der Kunst zu regen. Bald wurde
die griechische Kunst, ähnlich wie Griechenland selbst,
Eigenthum des römischen Reichs. Aber ihre Richtung
veränderte sich. Zunächst von dem weltgebietenden Römer-
thum getragen, erhielt sie hierdurch einen neuen gewaltigen
Impuls. So erscheint sie als eine Nachblüthe der grossen
hellenischen Kunst. Aber andererseits hatte das naive
Gefühl aufgehört, aus dem jene grossen Kunstgebilde her-
vorgegangen, und war an dessen Stelle der berechnende
Verstand, das Absichtliche getreten.

Man hat die römische bildende Kunst in 3 Perioden 106.
getheilt:

I. von 212 v. Chr. bis 69 n. Chr., d. h. seit den Uebertragungen griechischer Kunstdenkmäler von Sicilien nach Rom bis zum Anfang der Herrschaft der Flavier. In dieser Periode waltet ganz entschieden die hellenische Kunstrichtung vor.

II. 69—193. In den Zeiten der Flavier Vespasianus, Titus, Domitianus entfaltete sich die eigentlich römische Kunst und kam unter Trajan (98—117) zur Blüthe. Von nun an begann sie zu welken.

III. 193—324. Gänzlicher Verfall der Kunst, seit Rom nicht mehr das geistige Haupt der alten Welt war, seit in den Provinzen sich ein selbstständiges Leben regte und dadurch Fremdes, Barbarisches in die erstarrende Kunst kam. Dann beginnt seit Constantin d. Gr. die christliche Kunst.

a. Erste Periode.

107.   α. Die Baukunst entsprach unter den Künsten am meisten dem Nationalbewusstsein der Römer. Nachdem sie die etruskische Einwirkung überwunden, schlug sie die hellenische Richtung ein.

108.   Die griechischen Tempel ruhten wesentlich auf Säulen, deren Grundformen folgende sind:

Die dorische Säule, ohne Basis, gewöhnlich sechsmal so hoch als ihr unterer Durchmesser lang war, sich nach oben stark verjüngend, an den Seiten gereift, oben mit einfachem Kapitäl. Diese Säule war sehr stark, um das schwere Gebälk zu tragen, und stand aus demselben Grunde in dicht gedrängter Ordnung. Ihr Charakter ist Einfachheit, Festigkeit, würdevoller Ernst, Grossartigkeit.

Leicht und heiter erhob sich dagegen das Gebilde des freundlichen ionischen Lebens in die Lüfte. Die ionische Säule war gewöhnlich $8\frac{1}{2}$ Mal so hoch als der Durchmesser ihrer Grundfläche betrug, verjüngte sich nach oben zu weniger als die dorische und wurde von einem Säulenfusse (basis) getragen. Das Kapitäl bildete ein mit Schnecken (Widderhörnern) verziertes dorisches. Diese Säulen standen im Verhältnisse zu dem leichteren Gebälk, das sie trugen, weiter aus einander als die dorischen.

Die dritte Säule, die korinthische, ist streng genommen keine Grundform mehr, sondern nur eine Verschönerung der dorischen. Sie war die bei weitem geschmückteste und prächtigste, wenn auch nicht an so strenge Maasse gebunden wie die dorische und die ionische. Der erste Blick zeigt die Pracht ihres Kapitäls. Es glich einem grossen, runden Gefässe mit einem viereckigen, auf den Seiten eingebogenen Deckel, der unten mit 2 Reihen, jede von 8 Akanthusblättern umfasst war, hinter welchen 4 Stiele je zwei kleinere Blätter aufsteigen lassen. Blumen und Arabesken füllen dazwischen den leeren Raum aus.

Corinthische   Jonische   Dorische
Säule aus römischen Ruinen.

Die römische Architektur zog unter diesen drei Ord- 109. nungen bei weitem die prächtige korinthische vor. Sie zeigt sich an den Tempeln und den Basiliken (Staatsalterth.

§ 5, α). Daneben bildete sich auch der Bogenbau aus und
führte allmählig zu riesigen Brückenbauten, Wasserleitun-
gen, Thoren, Triumphbögen, Theatern, Amphitheatern,
Thermen u. s. w.

110. Im zweiten Jahrhundert v. Chr. erstanden durch Q. Me-
tellus Macedonicus die ersten Marmortempel, die des Jupiter Stator und der Juno. — Im ersten Jahrhundert suchten
die Prätendenten (Crassus, Pompejus, Caesar) und ihre
Partheigänger, sich einander überbietend, die Massen durch
riesige luxuriöse Werke zu gewinnen. Bald folgten den
hölzernen Theatern und Amphitheatern feinere (Staatsalterth. § 5, f), neue Basiliken, glänzende Tempel. Mit
ruhiger Beharrlichkeit setzte dann Augustus in dem still
gewordenen Rom das System ähnlicher Bauten fort. Das
schönste noch erhaltene Denkmal dieser Periode ist das
Pantheon, dessen innerer Durchmesser 132′, ebensoviel
seine Höhe beträgt. Ein rein-italischer, wohlerhaltener
Tempelbau mit korinthischen Säulen ist der Tempel des
Augustus in Pola (an der Südseite von Istrien).

111. β. Die Sculptur. In der hellenischen Richtung dieser Zeit erstanden unter griechischen Händen, zum grossen
Theil aber in Rom selbst, Werke, welche die Bewunderung
der civilisirten Welt geworden sind: Der borghesische
Fechter von Agasias aus Ephesus (in Paris); der Torso
des Belvedere von Apollonius aus Athen (im Vatican);
der farnesische Herakles von Glykon aus Athen (in
Neapel); die mediceische Venus von Kleomenes aus
Athen (in Florenz); der Apollo von Belvedere (im Vatican); die Gruppe des Laokoon, von 3 Künstlern aus
Rhodos gemeinschaftlich gearbeitet (im Vatican). — Dagegen
sind streng-römische Kunstdenkmäler: die Statue der
älteren Agrippina, im kapitolinischen und die der
Pudicitia im vaticanischen Museum.

112. Zu der Plastik gehört zunächst die Toreutik. Ihre Gebilde, die opera caelata waren in ebenen Metallflächen
erhaben gearbeitete Figuren, Zierden in Tempeln und
Palästen.

113. Die Münzen, in der früheren Zeit äusserst roh, seit

Caesar und Pompejus auf der Vorderseite mit charakter-
vollen Bildnissköpfen geschmückt, auf der Kehrseite mit
sinnvollen Compositionen.

Die geschnittenen Steine, Werke der Scalptur, 114.
sind in ungemein vielen und herrlichen Exemplaren erhalten. Man scheidet sie in ἔκτυπα (Haut-Reliefs), πρόςτυπα
(Bas-Reliefs) und in σφραγίδες d. h. solche, wo die Figuren
vertieft eingegraben wurden, damit der Stein als Siegel gebraucht werden konnte. Letztere, von den Goldschmieden
in Gold gefasst, zierten in Menge die Finger der Stutzer.
Unter Augustus hatte der Steinschneider Dioscorides einen
besonderen Ruf; er hatte unter anderen den Kopf des
Augustus geschnitten, mit dem dieser siegelte. — Sehr häufig
war die Arbeit der Cameen, geschnittener edler Steine von
verschiedenfarbigen Schichten. Sie dienten zum Schmuck,
vorzüglich für Frauen, an Armbändern, Gürteln, zum Haar-
schmuck u. s w. Zwei der schönsten unter den erhaltenen sind
der Cameo in Wien, 9″ breit, 8″ hoch, den Augustus als
Jupiter darstellend, und der Cameo in Paris, 13″ hoch,
11″ breit, Tiberius gleichfalls als Jupiter. — Diese Arbeit
der Cameen führte zu ähnlichen Werken in gefärbtem Glase.

γ. Die Malerei. Im ersten Jahrhundert v. Chr. wird 115.
als ausgezeichneter Maler Timomachus aus Byzanz gerühmt,
der eine Medea, einen Ajax, einen Orestes u. s. w. malte,
unter Augustus ein Künstler in Landschaften u. a. m. Lu-
dius. Die fernere Zeit liefert eine Menge von Beiträgen
durch die Wandmalereien von Pompeji und Herkulanum,
meist Nachbildungen älterer Meisterwerke, z. B. Achill,
dem die Briseis geraubt wird, Zephyr und Flora, das Urtheil
des Paris u. s. w. Die Nebenfelder enthalten leichtere
Werke. Von allen weicht das grosse Mosaikbild, die
Alexanderschlacht ab (§ 7). — Zuerst gebrauchten die Alten
zu ihren Darstellungen bei jeder einzelnen Figur nur eine
Farbe (μονοχρώματα). Dann wandte man ausschliesslich
vier Hauptfarben an: Weiss, Roth, Gelb, Schwarz, mit
Leim oder Gummi gemischt. Indess schon Polygnot, Mi-
kon und die folgenden Künstler haben Grün, Blau, Fleisch-
farbe u. s. w. gekannt. — Die Enkaustik bestand in

einer Malerei mit geschmolzenem Wachs, mit welchem die Farben vermischt und warm verarbeitet wurden (inurere), indess man andere Bilder nur mit heissem Wachs überzog. Ueber Mosaikmalerei vgl. § 7.

116. δ. Die Musik. Sie wurde schon früh zu kriegerischen Zwecken gebraucht, dann auch bei Leichenbegängnissen, Triumphen, theatralischen Vorstellungen u. s. w. Die griechischen Saiteninstrumente λύρα, φόρμιγξ, κιθάρα, die Blasinstrumente αὐλή (tibia), σύριγξ (fistula) u. a. m. kamen mit den andern Künsten nach Rom. Sonst finden wir hier die Tuba, gerade und von rauhem Tone, die krummen cornua, den lituus, die bucina (Kriegsalterth. § 5) u. s. w. Doch fand weder die griechische Musik noch diese Kunst überhaupt bei den freien Römern sonderliche Achtung oder Fortbildung (Corn. Nep. Epam. 2).

b. Zweite Periode.

117. α. Architektur. An die Herrschaft der Flavier erinnern das riesige Colosseum (Staatsalterth. S. 14), der herrlich geschmückte Triumphbogen des Titus, vor allem die Reste des einstigen forum Trajanum. Das letztere bestand aus einem geräumigen Platze, auf den man durch einen Triumphbogen gelangte, aus der fünfschiffigen basilica Ulpia, die sich majestätisch quer über den Platz hinzog u. s. w. Neben jener basilica befand sich ein kleiner Säulenhof, und auf diesem erhebt sich noch heute die riesige Trajanssäule mit ihrem über zwei Fuss breiten Reliefbande (Staatsalterth. S. 9). — Hadrian, der selbst Baumeister sein wollte, gründete in Rom den in seinen Ruinen erhaltenen Tempel der Venus und Roma und sein riesiges Mausoleum. Noch mehr that er in dieser Richtung für die Provinzen. Von seinen hier erhaltenen Bauwerken stehen in erster Linie da: Die maison quarrée in Nimes, ein Bogen in Athen, die Stadt Antinoe in Aegypten zum Gedächtnisse des Antinous (s. unten). — Endlich redet von den Zeiten Mark Aurels die mit Reliefs aus dem markomannischen Kriege geschmückte Säule dieses Kaisers, ähnlich der Trajanssäule.

β. **Die Plastik.** Ausser den Verzierungen der Triumph- 118.
bogen und den Reliefbändern der Säulen, besonders der
Trajanssäule und der Säule des Mark Aurel, sind in dieser
Zeit die Antinousstatuen und Büsten epochemachend.
Dieser, ein schöner Jüngling aus Bithynien, Liebling des
Kaisers Hadrian und dessen Begleiter auf seinen Reisen,
fand nach einer Tradition seinen Tod in den Wellen des Nil,
nach einer anderen erlitt er für seinen Kaiser in Aegypten
einen geheimnissvollen Opfertod und wurde dafür unter die
Heroen versetzt. Sein Kultus verbreitete sich über das
ganze Reich. Das trauernde Antlitz seiner Statuen, die in
Menge vorhanden sind, „spricht das Sühnebewusstsein der
ihrem Untergange entgegenschreitenden alten Welt ahnungs-
voll aus." — Aus der Zeit Mark Aurels ist noch das eherne,
einst vergoldete Reiterstandbild des Kaisers auf dem Platze
des Capitols zu nennen.

γ. **Die Malerei.** Einen Augenblick erhob sich noch 119.
einmal die Malerei unter Hadrian. Damals wurde der Maler Aetion gerühmt, namentlich wegen seines Bildes:
Alexander und Roxane.

c. Dritte Periode.

Die letzten grossen Baudenkmäler der versiegenden an- 120.
tiken Kunst sind in Rom: Der Triumphbogen des
Septimius Severus, die Thermen des Caracalla,
der Sonnentempel des Aurelian, die Thermen des
Diokletian, der Triumphbogen des Constantin,
welcher zu diesem Bau den Bogen des Trajan plünderte.
Mit den weiteren Bauten Constantins tritt die christ-
liche Kunst aus ihrer schüchternen Verborgenheit an das
Sonnenlicht und breitet sich, noch eine Zeitlang von dem
Römerthume getragen, in der alten Welt aus.

Römischer Kalender

(nach Bröder).

Unsere Monatstage.	März, Mai, Julius und October (haben 31 Tage).	Januar, August, December (haben auch 31 Tage).	April, Junius, September, November (30 Tage).	Februar hat 28, und in Schaltjahren 29 Tage.
1	Calendis	Calendis	Calendis	Calendis
2	VI)	IV } anteNonas	IV } anteNonas	IV } ante Nonas
3	V } anteNonas	III	III	III
4	IV (	Pridie Nonas	Pridie Nonas	Pridie Nonas
5	III (	Nonis	Nonis	Nonis
6	Pridie Nonas	VIII	VIII	VIII
7	Nonis	VII	VII	VII
8	VIII	VI ante	VI ante	VI ante
9	VII	V Idus	V Idus	V Idus
10	VI ante	IV	IV	IV
11	V } Idus	III	III	III
12	IV	Prid. Idus	Pridie Idus	Pridie Idus
13	III	Idibus	Idibus	Idibus
14	Pridie Idus	XIX	XVIII	XVI
15	Idibus	XVIII	XVII	XV
16	XVII	XVII	XVI	XIV
17	XVI	XVI	XV	XIII
18	XV	XV	XIV	XII
19	XIV	XIV	XIII	XI
20	XIII	XIII	XII	X
21	XII	XII	XI	IX
22	XI	XI	X	VIII
23	X	X	IX	VII
24	IX	IX	VIII	VI
25	VIII	VIII	VII	V
26	VII	VII	VI	IV
27	VI	VI	V	III
28	V	V	IV	Pridie Calendas Martias.
29	IV	IV	III	
30	III	III	Prid. Calend. (des folgenden Monats.)	
31	Prid. Calend. (des folgenden Monats.)	Prid. Calend. (des folgenden Monats.)		

(Spalte März… , 16–31): ante Calendas (des folgenden Monats)

(Spalte Januar… , 14–31): ante Calendas (des folgenden Monats)

(Spalte April… , 14–30): ante Calendas (des folgenden Monats)

(Spalte Februar, 14–27): ante Calendis Martias.

Alphabetisches Register.

Corrigenda.

Seite 10, Z. 1 v. u. statt celiae: cellae.

    „ 24, Z. 26 v. u. συντίτημι: συντίθημι.

Buchdruckerei von Gustav Lange in Berlin, Friedrichsstrasse 103.